中青年经济与管理学者文库

国家自然科学基金青年科学基金项目（71803151）

中国上市公司担保行为的影响因素及其效应研究

冷奥琳　著

中国财经出版传媒集团
中国财政经济出版社
北京

图书在版编目（CIP）数据

中国上市公司担保行为的影响因素及其效应研究／冷奥琳著．－－北京：中国财政经济出版社，2024.2
（中青年经济与管理学者文库）
ISBN 978－7－5223－2685－6

Ⅰ.①中… Ⅱ.①冷… Ⅲ.①上市公司－担保－影响因素－研究－中国 Ⅳ.①F279.246

中国国家版本馆 CIP 数据核字（2024）第 033868 号

责任编辑：温彦君　　　　　　　责任印制：史大鹏
封面设计：智点创意　　　　　　责任校对：张　凡

中国上市公司担保行为的影响因素及其效应研究
ZHONGGUO SHANGSHI GONGSI DANBAO XINGWEI DE YINGXIANG
YINSU JIQI XIAOYING YANJIU

中国财政经济出版社 出版

URL：http://www.cfeph.cn
E－mail：cfeph@cfeph.cn

（版权所有　翻印必究）

社址：北京市海淀区阜成路甲28号　邮政编码：100142
营销中心电话：010－88191522
天猫网店：中国财政经济出版社旗舰店
网址：https://zgczjjcbs.tmall.com
中煤（北京）印务有限公司印刷　各地新华书店经销
成品尺寸：147mm×210mm　32 开　7.875 印张　203 000 字
2024 年 2 月第 1 版　2024 年 2 月北京第 1 次印刷
定价：36.00 元
ISBN 978－7－5223－2685－6
（图书出现印装问题，本社负责调换，电话：010－88190548）
本社质量投诉电话：010－88190744
打击盗版举报热线：010－88191661　QQ：2242791300

策划人语

题记：一个人的精神成长史，取决于他的阅读史。只有阅读能最有效地培养精神生活习惯，而好的习惯又培养性格，性格决定人生。

——我们自豪，因为我们就是创造这精神产品的人。

选择了飞翔，总能看到蓝天；选择了远航，总能感受大海。人生不仅要作出选择，也要坚持住自己的选择。学会计、当编辑是我的意外选择。人说编辑是为人作嫁，可是这一选择我坚持了30年，苦在其中，乐在其中，也算是有声有色。每当我把一本本好书呈献给人们的时候，我觉得我是"富贵"的人：富，不是你身上的钱财，而是你心里的满足；贵，不是你地位的显赫，而是你被人需要的程度。

书海探寻,情怀永恒

我要说,做编辑我幸运,因为我不仅是第一个读者,可以对作品"品头论足",也可以对作品"生杀予夺";更重要的是,这是一个有很高层次的平台,在多年与名家的交往和名著的"对话"中,深深地为他们的人格和才学所感动,被作品的精彩所吸引,这不仅使我"下笔如有神",更使我的思想和灵魂也受到一次次洗礼和震撼,得到一次次升华。对于我的作者我的书,如数家珍,作者中不乏才学和为人同样过人的多位泰斗和"颜值高责任大"的众多才子佳人;策划的作品不仅立足专业还兼顾人文,也是情怀所在,专业加人文路才会更宽更远。

多年的体会是,作为一名编辑,起码要"三心二意",即"责任心、细心、耐心"和"服务意识、创新意识"。要多策划一些拳头产品,用一个选题推动一个系统工程,用一个系统工程培养一个出版社品牌。给新入职编辑讲座时我做过一个比喻:编辑两项基本功,审稿——甚至要比博导审批学生论文还要全面、细致;选题策划——要像电影导演一样做"星探",善于发现优秀作者和挖掘好的原创作品。记不清30年来我策划和编辑了多少书,组织和策划了大批教材、业务培训用书、通俗读物、理论专著等,有的获得过国家、省部级各类奖项,有的以其填补空白、社会热点、风格新颖、开拓尝试等特点受到读者的欢迎。正是:

一入书门情似海,

探寻经典职责在。

苦辣酸甜何其乐,

编辑人生也精彩。

想是问题,做是答案

众所周知,目前的图书出版业在行业竞争和纸质图书受到严重冲击的情况下,出版人无不感到莫大的危机。在这种背景下,我们还要积极应对,完善纸质图书的固有特质,拓宽纸媒的功能,挖掘出版内容和形式都精彩的原创作品，适应新形势下读者的更高需求。2017年至今，在新的时代环境下不断出新，我又策划了多套系列丛书和单本图书，不乏名家著作、教材、学术专著和实务丛书等，继续为扶持学术研究和总结实践最新成果，在高端研究与专业知识普及和应用之间搭建一座座有益的桥梁。

每一个时代的经济环境不同，理论研究和实务探索所需要解决的问题也有所差别。当前我国处于新的历史时期，市场环境和组织模式不断演变发展、推陈出新，经济、管理、财税等领域的新理论、新思想、新方法、新工具也层出不穷。乱花渐欲迷人眼，击水三千浪几何？这些领域的研究人员被时代赋予了更艰巨的责任，也面临着更高、更多元的要求，我们不仅要具备更广阔的学术视野，而且要有更严谨的学术思维。

输在犹豫，赢在行动

《中青年经济与管理学者文库》的作者，都是我国经济与管理领域的中坚力量，也是未来的大家。他们中有些人潜心从事理论研究，有些人则深耕在实务一线，但无论现实身份如何，视野全都没有被拘泥在"象牙塔"内。他们从不同视角对市场经济的不同要素进行细致审视，然后汇聚于"财经版"这面旗帜之下，相互碰撞，彼此激荡，力求在市场经济转型升级的关键时期留下最新鲜的"中国印记"。

这些经济与管理领域的中青年学者，就是我国市场经济发展的潜力与优势，他们的研究成果，不仅将引领市场经济的各个组成环节向更科学、更先进的方向发展，而且将成为我国政府和企业在未来经济世界扮演更重要角色的支点与动力。祝愿这些中青年学者能攀上更高的学术之山，走向更远的研究之路，也期待宏观、中观、微观各个层面的市场参与者都能从这套文库中得到切实的启发与指引，在全面深化改革、增强发展活力的关键时期，发挥正能量和积极作用，为经济社会发展增添新的动力！——这也是我策划此套丛书的初衷。

作始也简，毕也必巨

2021年，是一个非凡之年，纵观世界风云，抗击疫情"风景这边独好"，"十四五"规划开局，我们喜迎建党百年。"其作始也简，其将毕也必巨。"从"开天辟地""改天换地"到"翻天覆地""惊天动地"，我们党经历了四个历史时期——救国大业、兴国大业、富国大业、强国大业，四件大事铸就了中国共产党百年辉煌。我们不禁感叹——风雨百年创辉煌，"天地"之间"有杆秤"。

2021年，还是一个纪念之年，出版社成立65周年和我从事编辑工作30周年。65年来，财经出版社始终坚持正确的舆论导向和鲜明的出版特色，努力为经济建设和财政工作服务，致力于为读者奉献经典作品，在中国财经出版传媒集团旗下发挥着更大的作用，取得更大的成就。作为一个有着20多年党龄的党员，我是生在新中国长在红旗下的幸运的一代，怀着对党无限的热爱和感恩，浓情做事、淡泊做人，用30年的情怀和坚守见证了出版业的转型，践行了编辑的天职，向党递交一份努力的答卷。

2017年策划出版《中青年经济与管理学者文库》至今已五年，得到了众多中青年学者的热烈响应与大力支持，文库诞生至今已囊括专著60余种，为中青年学者们提供了展示学术研究成果的平台，作者队伍不断壮大，作品陆续出版。如果您认可，如果您有意愿，欢迎您和您的朋友加盟我们的作者队伍！在中国财经出版传媒集团的"旗舰"下，中国财政经济出版社这"老字号"，一定励精图治，谱写新的篇章。敬请关注"龙媒玉制新书坊"微信公众号，我们用"龙的精神，玉的品质"来助力您实现梦想！

策划人：樊清玉

邮箱：qingyuf@sina.com

2021年12月31日

序

  中国共产党第二十次全国代表大会报告提出，加快构建新发展格局，着力推动高质量发展。……加强和完善现代金融监管，强化金融稳定保障体系，依法将各类金融活动全部纳入监管，守住不发生系统性风险底线。担保作为债务市场的最终偿付者，对债务市场风险起到决定性作用。2008年，担保类金融创新产品的集中违约导致了全球性金融危机的全面爆发，引起人们对金融安全的高度重视。在我国，上市公司担保承担着弥补资本市场不足，促进公司资金融通的重要角色。上市公司担保在我国债务融资中占据主导地位且重要性逐年攀升。厘清影响我国担保行为的因素及其作用效应，对于控制担保风险并促进担保市场健康发展具有重大的理论意义和实际应用价值。

  担保是帮助企业进行资金融通、降低融资成本、缓解融资约束的重要手段，维系着金融市场的健康稳定发展。同时，担保契约多参与主体间的风险"转嫁"与价值"传递"形成担保市场中复杂的勾稽关系，担保信息披露的不确定性和隐蔽性加剧了担保市场风险的形成。构建能够有效促进担保价值的实现，抑制高风险利益转移等上市公司担保行为监管体系，是支持金融市场发展和金融稳定的重大课题。担保信息披露在财务会计中属于或有事项，而或有事项多是表外业务，其不确定性及信息披露特征，导致在财务会计领域对担保行为的研究受到严重的数据可得性限制。现有研究主要关注担保的法律界定、担保市场经济效应、担保价值、担保动机、担保风险、市场均衡等，当读到冷奥琳副教授《中国上市公司担保行为的影响因素及其效应研究》书稿时，我倍感欣喜。该书对我国上市公司担保行为及其影响的系统研究，在一定程度上填补了国内外非金融公司担保行为影响因素及监管研究的空白。

作者在系统梳理 20 世纪 90 年代以来中国上市公司担保行为相关法律、法规和行为指引的基础上，一是构建了我国法制环境改革影响上市公司提供担保的动机、行为及价值效应的影响机理概念模型，利用我国上市公司担保行为数据检验了宏观法制环境改革对担保行为的价值促进效应。二是构建了外部审计市场监督机制抑制担保掏空行为的治理效应机理与信息威慑机理模型，实证检验了我国市场监督机制对于担保掏空行为的影响，主要是信息披露后的威慑作用。三是构建了含无风险利率因素的担保交易撮合模型，提出了无风险利率对担保定价和担保人担保市场参与行为的影响机理，并实证发现随着无风险利率上升，优质担保人规避风险退出市场导致担保市场风险进一步上升的效应。四是构建了担保购买促进企业创新投入产出的资金融通效应和风险共担效应模型，实证发现上市公司购入担保为企业创新进行资金融通，能有效加速研发专利的形成和专利向产品的成果转化。

我们相信，本研究成果将为完善担保领域的理论研究，促进担保价值实现，有效规范上市公司的担保行为和风险监控提供理论依据。

在即将付梓之际，我衷心表示祝贺，并乐为之序。

张俊瑞

西安交通大学教授

2023 年 9 月

  习近平总书记在党的二十大报告中指出"构建高水平社会主义市场经济体制……强化金融稳定保障体系"。上市公司担保市场的健康稳定发展是国家金融保障体系的核心组成部分。截至2022年末,我国上市公司提供担保的涉债金额达到12万亿元,每年约有近50%的上市公司对第三方提供担保,形成了我国特有的担保市场监管体系及市场运行机制,为担保研究提供了不可或缺的研究素材及实践经验。

  本书在梳理国内外担保研究发展特征的基础上,结合国家以及金融市场监管部门针对上市公司担保的相关法律、法规和行为指引等,总结了我国上市公司担保监管行为的不同阶段特征。此外,考察了法制环境改革、市场监管以及企业社会责任自监管对担保行为的影响效应,构建了宏观无风险利率影响担保市场交易撮合模型,验证了宏观利率变化对担保市场定价及交易撮合的理论关系,发现了担保购买促进企业创新的机理效应及局限等。本书的主要贡献如下:

  第一,中国共产党第十八次全国代表大会将依法治国作为我党治国理政建设的核心,将全面推动我国法制改革以及法治建设统称为法制环境改革。本书采用 La Porta、Lepez-de Silanes、Shleifer 和 Vishny（1998）理论构建法制环境改革对公司提供担保的动机、行为及经济后果影响的机理概念模型，利用我国 2007—2016 年上市公司提供担保事件数据，以党的十八大为时间窗实证检验法制环境改革对提供担保经济后果的影响效应，发现党的十八大后提供担保事件的 [-5,5] 窗口期累计异常收益率均值提高了 0.37%，且上市公司对子公司和非国有上市公司担保的价值损毁效应得到显著缓解。说明法制环境改革能够有效缓解担保的价值损毁效应，抑制担保利益侵占行为。实证检验证明，法制环境改革是解决我国市场经济分配效率问题的有效途径。

第二，研究了审计质量能否抑制企业利用担保的掏空行为，通过理论推理给出外部审计质量抑制担保掏空行为的治理作用和信息威慑作用机理模型，利用我国上市公司 2007—2016 年担保事件数据，以担保公告日前后累计异常收益率变化的事件研究法来判断公司利用担保的掏空程度，实证检验发现：①提高审计投入质量（高质量的会计师事务所）不能提高提供担保事件的累计异常收益率；②含有担保事项描述的非标准审计意见会显著提升公司下一年度提供担保的累计异常收益率。在方法上缓解了以往截面数据研究中将正常交易行为列入掏空范围的第二类统计学错误。结果表明，高质量外部审计无法通过治理作用来抑制担保掏空行为，而审计师在出具的审计意见中披露担保行为对上市公司的担保掏空现象具有事后信息威慑作用。

第三，基于担保人资本结构构建担保市场均衡理论模型，通过推理提出无风险利率变化影响担保市场交易结构的机理假设，指出随着无风险利率增高，偿付率高的优质担保人会提高其定价，压缩债务人购买担保获得的收益，但对偿付率低的劣质担保人不会产生影响，造成偿付率高的优质担保人从市场中退出，整体担保市场中优质担保人减少，增加了担保市场的风险。同时利用我国 2007—

2016年上市公司担保提供实际数据进行实证检验，结果支持了假设的有效性，为我国有效防范担保市场风险的形成和演化提供了理论和实际依据。

第四，考察了上市公司企业社会责任自监管对关联交易和关联担保的影响机理效应。利用我国上市公司2010—2017年企业社会责任披露数据以及我国上市公司关联交易、关联担保数据实证检验发现，企业社会责任监管对关联交易和关联担保有一定的抑制作用。特别是在自愿披露企业社会责任信息的公司中，该效应更为显著。

第五，考察了从第三方获得贷款担保影响企业创新行为的机理效应，检验了担保的资金融通作用和风险共担作用促进企业创新的机理效应。利用中国上市公司2007—2016年获得担保以及创新数据，实证发现，贷款担保的公司当年创新投入较低，但专利产出较高；但是担保覆盖率对创新影响并不显著。结果表明，获得贷款担保主要通过缓解债务人面临的融资约束促进企业创新，而风险共担的促进作用较弱。

总体而言，本书对中国上市公司担保行为、监管机制及其经济后果的研究成果，创新并丰富了国内外相关领域的研究。对研究上市公司担保行为和担保市场的稳定发展具有重要参考价值。囿于时间和水平，本书仍存在诸多不足之处，望各界同仁批评指正。

本书在撰写过程中得到了王梦迪博士、陈珺华、张凌铠、陈静、赵爽等多位同学的热心帮助。西安交通大学的张俊瑞教授在百忙之中为本书作序并提出宝贵建议，在此一并致谢。

本书出版得到了国家自然科学基金青年科学基金项目"法制、信息和社会责任对担保市场交易结构影响效应研究"（批准号：71803151）的资助，在此表示诚挚的感谢。

冷奥琳

2023年9月

目 录

第1章 担保研究的国内外发展现状 ……………………… (1)
　1.1 研究方法与检索策略选择的依据 ……………… (2)
　1.2 英文担保研究特征及发展态势 ………………… (8)
　1.3 中文担保研究特征及发展态势 ………………… (30)
第2章 我国担保市场监管制度的演进 ………………… (44)
　2.1 我国担保市场监管发展变迁 …………………… (44)
　2.2 我国担保市场监管制度变迁 …………………… (47)
　2.3 不同监管阶段上市公司担保违规行为特征 ……… (54)
第3章 法制环境改革影响担保行为的机理和效应研究 … (70)
　3.1 法制环境改革影响担保行为的机理分析 ……… (71)
　3.2 法制环境改革影响担保行为机理效应研究设计 … (76)
　3.3 法制环境改革影响担保行为效应的实证研究 …… (80)
第4章 审计质量对企业担保掏空行为的抑制效应研究 … (87)
　4.1 审计质量发挥作用的依据与假设 ……………… (90)
　4.2 审计质量发挥作用的实证研究设计 …………… (94)
　4.3 审计质量影响效应的实证结果分析 …………… (101)

1

第 5 章 基准利率影响上市公司担保行为的效应研究 ……………………………………………………………（124）

    5.1 基准利率影响上市公司担保行为的理论分析 ………………………………………………………（125）

    5.2 基准利率影响上市公司担保行为效应的实证研究设计 ……………………………………………（131）

    5.3 基准利率影响上市公司担保行为效应的结论分析 …………………………………………………（134）

第 6 章 无风险利率影响担保市场交易结构的机理和效应研究 ………………………………………………（139）

    6.1 无风险利率影响担保市场交易结构的理论建模 ……………………………………………………（140）

    6.2 无风险利率影响担保市场交易结构的机理分析 ……………………………………………………（143）

    6.3 无风险利率影响担保市场交易结构机理的实证研究 ………………………………………………（145）

第 7 章 企业社会责任信息披露对关联交易及关联担保的影响效应研究 ……………………………………（153）

    7.1 企业社会责任信息披露影响关联交易的理论分析 …………………………………………………（154）

    7.2 企业社会责任信息披露影响关联交易的实证研究设计 ……………………………………………（158）

    7.3 企业社会责任信息披露影响关联交易和关联担保的实证检验 ……………………………………（165）

    7.4 企业社会责任信息具体披露事项影响效应及稳健性检验 …………………………………………（173）

第8章 担保契约促进企业创新投入和产出的效应研究 … (180)
  8.1 担保契约影响被担保企业的创新机理及研究假设
    …………………………………………………………… (181)
  8.2 模型构建的变量选择和特征分析 ……………………… (184)
  8.3 担保影响被担保企业创新研发和产出的实证检验
    …………………………………………………………… (189)
参考文献 ……………………………………………………… (207)

第1章

担保研究的国内外发展现状

1995年我国出台的《担保法》规定：担保是当事人根据法律规定或双方约定，为促使债务人履行债务、实现债权人权利的一种制度。保证人和债权人约定，当债务人不履行债务时，保证人需要按照约定，履行债务或者承担责任。我国法律规定的担保方式包括五种形式，分别为保证、抵押、质押、留置和定金。担保涉及的行业与主体十分广泛，在国民经济的许多环节中，如消费、投资、融资等，其信用评级、增级以及信用放大的作用得以充分发挥。随着资本市场的发展，担保形式呈现多样化的特点，如综合授信担保、再担保、诉讼保全担保等。

担保在全球经济体系中也有着广泛的应用，它为经济发展与就业作出不可磨灭的贡献。目前，许多国家建立了信用担保的体系，如日本于1937年成立的东京信用保证协会；美国于1938年成立的房利美（Fannie Mae）、1953年成立的中小企业管理局（SBA）等。担保契约和担保的金融衍生品契约在金融市场中也有着重要地位，如信用违约互换（CDS）、抵押担保债券（CMO）等。除次贷危机时期外，这些衍生品的发行量处于上升的趋势。

担保理论相关的研究经历了比较长时间的发展与演化，在法律、金融等领域逐渐细化，其研究派别、学者队伍、文献资料等迅速增长，研究的热点内容不断变化。本书将利用信息可视化技术，应用CiteSpace这一软件，利用Cosine距离度量算法对文献数据进行聚类分析,构建各类网络图谱,对担保行为进行完整、系统的研究和梳理。

本章首先对担保理论和信息可视化技术在文献计量学中的应用的相关文献进行回顾,并对目前研究情况进行总结分析。在此基础上利用来自 Web of Science、Scopus、CNKI 数据库的引文信息,建立作者合作网络、机构合作网络、文献共被引网络等网络图谱,对英文、中文期刊中与担保相关的文献进行可视化分析,发现并阅读高被引文献,从中找出理论的发展历程。

本书一是利用 1972—2020 年的英文期刊数据,发现风险、中小企业、金融危机等是英文担保文献中的高频关键词,相关文献大致可以梳理为担保动机、担保市场均衡研究、担保价值、担保行为影响因素、担保风险、担保的市场和经济效应、担保与中小企业、政府担保、担保与金融危机九大类。二是利用 1992—2020 年的中文期刊数据,得到中文期刊中担保相关文献的高产作者;同时利用词频分析,在法律层面和金融层面分析了担保研究热点演进情况,发现担保研究的热点与我国担保相关法规的完善过程和金融危机的爆发有着高强度关联。

1.1 研究方法与检索策略选择的依据

1.1.1 CiteSpace 应用软件与参数设置

CiteSpace 是由陈超美教授开发的引文可视化分析软件,该软件运用文献计量学和信息可视化技术,可以用来进行引文空间的挖掘,进行知识单元共现分析,建立科学知识图谱。本书的分析基于 CiteSpace 软件所生成的科学知识图谱,目前该软件已更新到 5.6.R4 版本,该版本也是本书使用的版本。在此,我将对文中出现的部分名词、算法与参数进行解释,后文不再赘述。

(1) 名词解释

①时间切片(Time Slicing)。Time Slicing 是对本书导入的文献数据进行时区分段,可以按照 1 年一分段、2 年一分段等方式对文献的时间范围进行分割。

②节点类型(Node Type)。利用 CiteSpace 可以生成合作网络、共被引网络等多种类型的网络图谱,而分析不同类型的网络是通过选择不同的节点来完成的。CiteSpace 中可以选择的节点类型有 Author、Institution、Country、Keyword、Term 等 12 种,根据本书不同的研究目的,可以利用不同的节点组合生成所需要的图谱。一般而言,图谱中节点的大小代表出现的频次,连线的大小代表强度。

③引文半衰期(Halflife)。引文半衰期是测度文献老化速度的指标之一,它显示一份期刊从当前年度向前推算引用数占截至当前年度被引用期刊的总引用数 50% 的年数。

④网络剪裁(Pruning)。当用 CiteSpace 生成的文献图谱网络比较密集,难以直观获取重要信息时,可以通过网络剪裁,降低网络密度,保留网络中重要的连线,从而提高网络可读性。这里有两种剪裁方法,分别为最小生成树(Minimum Spanning Tree)和寻径网络(Pathfinder),这两种方法都可以用于对网络中连线进行裁剪。

(2) 相似性算法

在 CiteSpace 中,有三种算法可以用于网络中各节点之间关系强度(即相似性)的测算,分别为 Cosine、Jaccard 和 Dice 算法。计算公式如下:

Cosine 算法:

$$\text{Cosine}(c_{ij}, s_i, s_j) = \frac{c_{ij}}{\sqrt{s_i s_j}} \qquad (1-1)$$

Jaccard 算法:

$$\text{Jaccard}(c_{ij}, s_i, s_j) = \frac{c_{ij}}{s_i + s_j - c_{ij}} \qquad (1-2)$$

Dice 算法：

$$\text{Dice}(c_{ij}, s_i, s_j) = \frac{2c_{ij}}{s_i + s_j} \qquad (1-3)$$

在公式中，c_{ij} 为 i 和 j 的共现频数，s_i 为 i 出现的频数，s_j 为 j 出现的频数。

在进行网络分析时，这些算法既可以用于时间切片的内部，也可以用于各时间切片之间，各个算法之间没有优劣之分。

（3）分析数据阈值参数

①Top N per slice。Top N per slice 阈值是用来确定提取每个时间切片内文献数据的数量。以分析作者合作网络为例，若将该阈值中的 N 设定为 50，则在分析时，CiteSpace 会提取出每个时间切片内频数排名前 50 的作者。

②Thresholds。Thresholds 阈值设定是将文献的时间范围分为前、中、后三个子时间分区，来生成文献网络。文献数据的开始、中间、结尾的参数阈值为 c、cc、ccv，各分区内的参数阈值由内插法计算得出。

c：文献的最低被引频次。

cc：一个时间切片中的共现或共被引频次。

ccv：共现率或共被引率。

1.1.2 数据来源与处理方法

（1）数据来源

本书中进行文本挖掘的数据，来源于国内外知名的中文及英文数据库。收集中文文献信息使用的数据库是中国知网数据库（CNKI）[①]；

[①] CNKI 由清华大学和清华同方发起，收录了最全面的中文期刊全文文献。

收集外文文献信息使用的数据库是 Web of Science（WoS）[①] 与 Scopus[②]。通过 WoS 也可以搜索到来源于其他英文数据库的文献，如出版商 Elsevier B. V.、出版商 Springer – Verlag 的内容。

为了增强结果的可信度，减少低质量雷同文献对分析结果的干扰，本书分析的中文文献来源于北大核心期刊、CSSCI 及 CSCD 这三类子数据库所收录的高质量期刊，以及公开发表在 CNKI 上的硕博士论文，并且剔除了重复数据；英文文献来源于 WoS 核心数据库与 Scopus 数据库。

一般来说，在统计学分析中，一个大样本提供的分析结果比小样本更具有说服力，聚类分析的结果也更为清晰明了。为了研究担保理论演进及热点变化的情况，本书尽可能多地选取了来自不同时间与空间的数据样本，以提高分析结论的说服力。由于部分无效数据在 CiteSpace 分析时会被自动剔除，因此本书最终分析选取的中文文献发表时间范围为 1992 年至 2020 年，共有 6055 篇；英文文献发表时间范围为 1934 年至 2020 年，共有 5332 篇。

（2）数据检索方法

本研究分析的文献数据并非文献的全文，而是从数据库中导出的文献关键信息，包括论文的标题、作者、期刊、领域、时间、发文国家（地区）、关键词等。目前，可以用 CiteSpace 处理的数据源比较多，但只有英文文献数据可以使用全部分析功能，中文文献可使用的分析功能较少。本书对外文数据库和中文数据库数据采集和处理的方法并不相同，在后文中将对两类文献分别进行分析。

首先说明如何检索发表在 WoS 数据库的与担保相关的文献。

[①] Web of Science 是全球最大、覆盖学科最多的综合性学术信息资源，收录了自然科学、工程技术、生物医学等各个研究领域最具影响力的超过 8700 多种核心学术期刊。

[②] Scopus 是全世界最大的摘要和引文数据库，涵盖了 15000 种科学、技术及医学方面的期刊。

"guarantee"这个单词不仅指法律、金融等领域内的"担保",更多时候是作为名词或者动词"保证"来使用,若将"guarantee"作为关键词在外文期刊进行搜索,无关数据会非常多,无法应用于科学图谱制作。Chen(2017)提出了他的解决方法:若搜索的关键词为模糊关键词,则将无关的数据也一并下载下来,把文献相关性分析推迟到结果分析的步骤。但本书未使用这种方法进行英文数据筛选。在搜索文献时,这里仅对搜索领域进行限定,并且为了搜索全面,搜索词中使用通配符*,即核心关键词为"guarant*"。

最终,本书搜索的领域限定在商业、管理、经济、金融、法律这5个领域,时间范围为WoS默认的时间范围(1900—2020年)。打开WoS数据库,使用高级检索的字段检索功能对搜索词进行限定,检索字段设置为:

TS=(guarant*) AND WC=(BUSINESS OR MANAGEMENT OR ECONOMICS OR FINANCE OR LAW)

此处时间跨度选择所有时间,来源数据库选择Web of Science核心合集。调整好各项参数后,进行结果检索,检索得到的文献量为14137篇,如图1-1所示。之后剔除掉与本书所研究的"担保"无关的数据项,把收集到的数据信息导出为txt格式。图1-2中展示了所收集到的数据样例。

图1-1 WoS搜索结果

利用Scopus数据库采集数据时,使用的检索词为:
ALL((loan PRE/100 guarant*) OR (debt PRE/100 guarant*) OR (credit PRE/100 guarant*) OR (bond PRE/100 guarant*) OR

```
FN Clarivate Analytics Web of Science
VR 1.0
PT J
AU Maheshwari, Y
   Gupta, P
AF Maheshwari, Yogesh
   Gupta, Pankaj
TI Ownership Structures and Effects of Related Lending and Loan Guarantees
   on Firm Performance in Business Groups
SO ASIAN JOURNAL OF ACCOUNTING AND GOVERNANCE
LA English
DT Article
DE Ownership; related lending; loan guarantees; related party transactions;
   firm performance
ID PARTY TRANSACTIONS; EMERGING MARKETS; EXPROPRIATION
AB This study identifies a sample of listed Indian business group firms, which exhibit an increasing trend in leverage, related
lending and loan guarantees. Business groups in India, primarily adopt pyramidal structure in which decision making is done
through control rights approach. The paper examines the ownership structures in business groups and studies the effects of
related lending and loan guarantees on firm performance in such business groups through a panel data regression with fixed
effects. The regression results suggest that lending and loan guarantees to related parties affect the operating performance of
group firms positively. The relationship has been found to be significant for most of the categories of business groups studied for
the two measures of firm performance, namely gross profit to asset ratio and return on assets. However, their effect on market
value is found to be negative, leading to an inference that such deals are taken adversely by the market.
C1 [Maheshwari, Yogesh] Indian Inst Management Indore, Rau Pithampur Rd, Indore 453556, Madhya Pradesh, India.
   [Gupta, Pankaj] MYRA Sch Business, Mysuru 571130, India.
RP Maheshwari, Y (reprint author), Indian Inst Management Indore, Rau Pithampur Rd, Indore 453556, Madhya Pradesh, India.
EM maheshwari@iimidr.ac.in; Pankaj.gupta@myra.ac.in
CR Almeida H., 2007, WORKING PAPER
```

图 1-2 WoS 数据样例

(insurance PRE/100 guarant *)) AND (SUBJAREA(ECON) OR SUBJAREA(BUSI))

时间跨度仍然选择所有时间,检索得到的文献量为 4434 篇。因为 CiteSpace 无法直接分析从 Scopus 下载的 ".ris"格式原数据,因此要对数据格式进行转换。在 CiteSpace 中的 "Import/Export" 标签中,将来源于 Scopus 的数据转换为 WoS 数据格式,如图 1-3 所示。

从 WoS 和 Scopus 下载的部分数据可能有重复,在后文分析之前这里先利用 CiteSpace 对数据进行除重预处理。除重前数据记录共有 6259 条,除重后有效数据共有 5332 条。

采集中文数据库文献数据的方式和外文数据库相近,在 CNKI 上设置搜索主题词为"担保",搜索范围限定在 CSSCI、北大核心期刊、CSCD 这三个子数据库,手动剔除无关项后导出参考文献即可。从 CNKI 上下载的数据仍然需要进行格式转换,方法与 Scopus 类似。

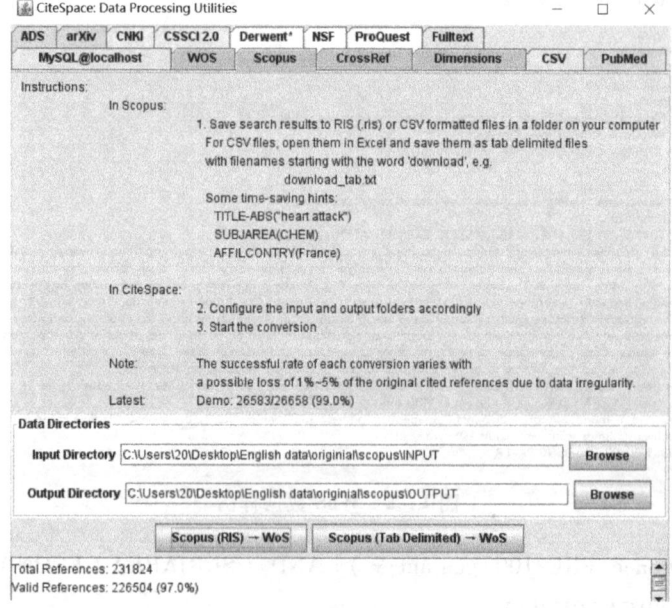

图 1-3 Scopus 数据转换为 WoS 格式

1.2 英文担保研究特征及发展态势

本章通过对采集自 WoS 和 Scopus 的数据进行作者合作网络分析、关键词共现分析、作者共被引和文献共被引分析,来研究现有文献中的研究热点、研究趋势以及知识结构。CiteSpace 的参数设置为:时间切片分段从 1972—2020 年,每年一分段;关联强度算法为 Cosine。

1.2.1 作者合作网络

建立新项目并导入数据,设置网络节点类型为 "Author",用于作者合作网络的分析。同时,设置 Top N per slice 阈值为 100 进

第1章 担保研究的国内外发展现状

行数据提取。运行后,软件显示共有 5033 个有效数据。

选择对数据进行可视化处理,网络图中只显示了频数出现大于等于 3 的作者,并且设置显示文字标签的最低频数为 5,得到担保理论英文文献作者合作网络图谱,如图 1-4 所示。

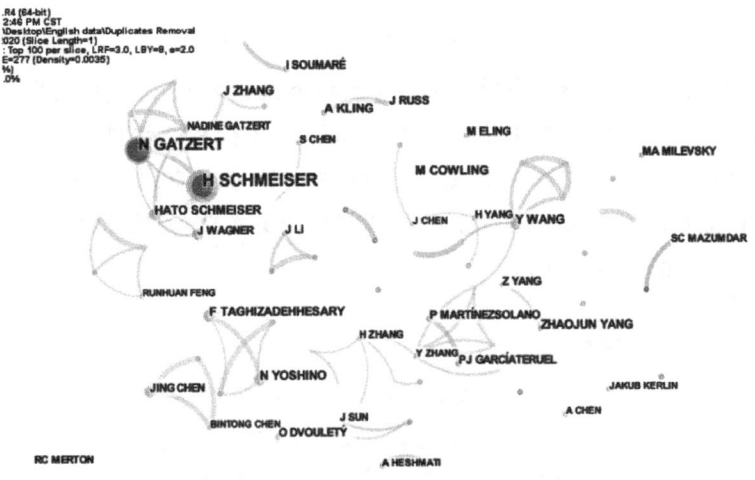

图 1-4 1972—2020 年担保理论英文文献作者合作网络图谱

通过该文献合作网络图谱可以直观地看出,图中共有 4 个含有节点数大于等于 4 的作者合作子网络,节点的大小代表了文章数量,节点名称代表了该领域高产的作者。

在这些作者中,文献发表次数排名第一的是瑞士圣加仑大学的 H SCHMEISER 教授,他研究的方向是保险风险,共发表了 39 篇与担保相关的文献。在合作网络图谱中,将同一作者姓名不同表述合并,可以看出,与他合作次数较多的作者有 NADINE GATZERT(30 次)、J WAGNER(8 次)、ALEXANDER BOHNERT(4 次)、PL JØRGENSEN(4 次)、A ZEMP(4 次);NADINE GATZERT 也同时是该领域高产作者。

从 CiteSpace 的输出结果中得知,M COWLING、EJ KANE、PL

9

JØRGENSEN 和 RC MERTON 所发表的文献和其他人相比,具有明显更大的引文半衰期,这些作者发表的部分文献,可以看作是持续高被引的经典文献。

1.2.2 关键词共现网络

设置提取名词术语,网络节点类型为"Keyword",用于关键词共现网络的分析。设置 Top N per slice 阈值为 50 进行数据提取,同时设置网络的裁剪方式为 Pathfinder。运行后,软件显示共有 5033 个有效数据;对数据进行可视化处理,使用 CiteSpace 中 "Find Clusters"这一功能,得到担保理论英文文献关键词共现网络图谱,如图 1-5 所示。

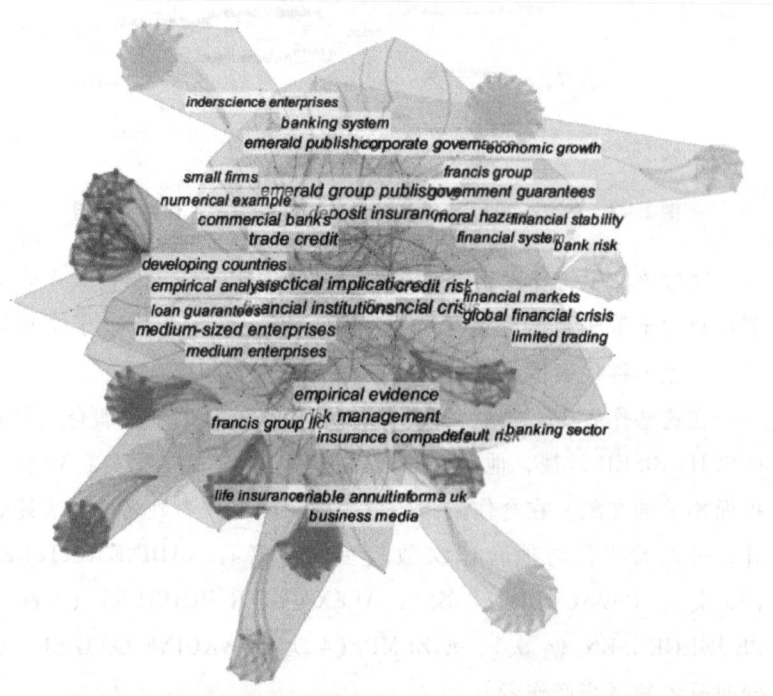

图 1-5　1972—2020 年担保理论英文文献关键词共现网络图谱——关键词标签显示

根据图谱可以看出，英文担保理论相关文献的关键词没有明显的时间分区，在 CiteSpace 中输出关键词列表，排名结果如表 1-1 所示。

表 1-1　　1972—2020 年关键词共现聚类结果

Keyword	Freq	Burst	Keyword	Freq	Burst
risk	224		contract	61	
guarantee	178		competition	55	5.46
SME	159		credit	55	8.79
model	150		information	51	4.88
deposit insurance	150	12.77	liability	51	
financial crisis	134		credit risk	50	
investment	128		cost	50	
banking	127	8.24	management	48	
market	119	4.73	regulation	47	
finance	116		supply chain	43	15.21
option	113		liquidity	43	
banking	111		systemic risk	43	
insurance	106	4.93	crisis	41	7.97
trade credit	105		growth	41	
valuation	105	6.19	collateral	40	
policy	103		innovation	37	
China	96		interest rate	37	
corporate government	91		risk taking	36	5.95
variable annuity	86	6.49	loan guarantee	35	
risk management	85		entrepreneurship	33	
moral hazard	80	5.37	capital structure	32	6.09
debt	79		mortgage	32	
impact	70	7.77	credit guarantee	32	6.04
performance	69	5.12	bank regulation	30	7.88
life insurance	62		risk assessment	30	4.67

从表 1-1 可以清楚看出，在英文期刊中，风险、担保、中小企业、模型、存款保险、金融危机、投资、质押、市场、金融、期

权、银行、保险、交易信贷、价值、政策、公司治理等高频主题词是担保相关文献研究的重点。

1.2.3 文献共被引与作者共被引网络

通过文献共被引分析，可以了解担保理论相关研究中重要文献的分布，确定担保理论相关研究引用文献之间有什么样的联系。文献共被引是作者共被引的基础，作者共被引仅从文献中提取作者信息建立网络，找出担保理论相关研究中高被引作者的分布，确定对担保理论的发展有影响的学者。分析过程如下：

设置网络节点类型为"Reference"，用于文献共被引网络的分析。设置Top N per slice 阈值为50进行数据提取；同时设置网络的裁剪方式为Pathfinder，对数据进行可视化处理，使用CiteSpace中"Find Clusters"这一功能，得到担保理论英文文献共被引网络图谱，如图1-6所示。

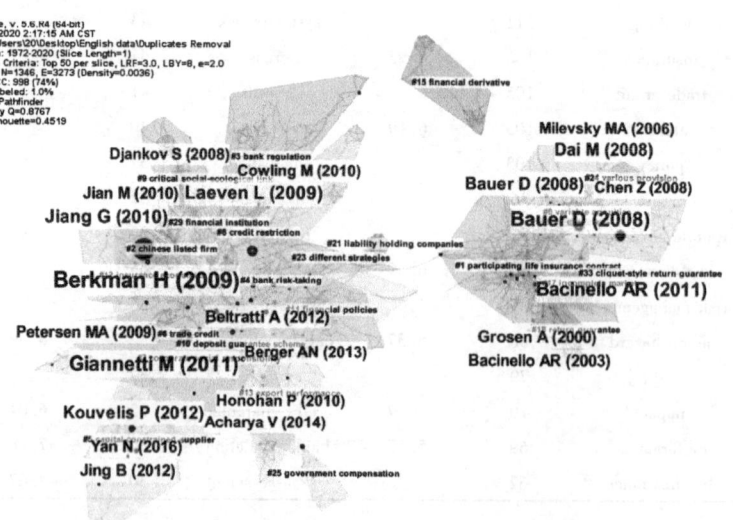

图1-6 1972—2020年担保理论英文文献共被引网络图谱

第 1 章 担保研究的国内外发展现状

设置网络节点类型为"Cited Author",设置前、中、后三个时间段 c、cc、ccv 的阈值为(2.2.20),(4.2.20),(4.2.20)进行数据提取;同时设置网络的裁剪方式为 Minimum Spanning Tree。对数据进行可视化处理,得到担保理论英文文献作者共被引网络图谱,如图 1-7 所示。

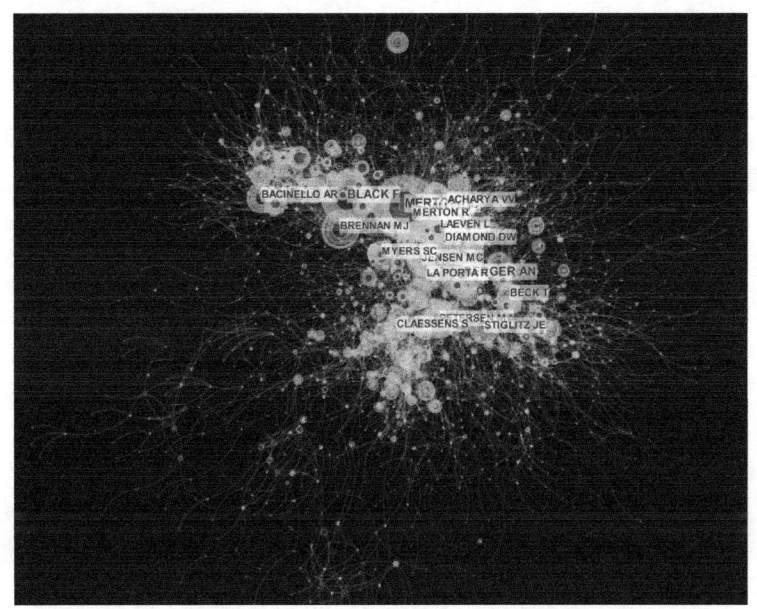

图 1-7 1972—2020 年担保理论英文文献作者共被引网络图谱

利用 CiteSpace 自动生成的研究报告可以得到数据样本中被引次数高于 100 的高被引作者的列表,如表 1-2 所示。

表 1-2 1972—2020 年作者共被引聚类结果

Citation counts	References	Citation counts	References
Merton RC	955	BAUER D	147
Berger AN	550	Fama EF	146
Black F	435	Gropp R	144

续表

Citation counts	References	Citation counts	References
Diamond DW	402	Keeley MC	143
Stiglitz JE	377	Calomiris CW	139
Brennan MJ	280	Acharya V	139
Beck T	280	Johnson S	139
Allen F	278	Rajan RG	136
Petersen MA	276	Cowling M	134
Jensen MC	260	Boyle PP	134
Laeven L	243	Kane EJ	132
La Porta R	228	Modigliani F	127
MYERS SC	223	Long MS	127
Claessens S	215	Grosen A	122
Shleifer A	189	Freixas X	120
Flannery MJ	175	Arellano M	117
Demirguc-Kunt A	167	Barth JR	112
Cox JC	164	Leland HE	112
Berkman H	159	Gatzert N	111
Saunders A	157	Besanko D	106
Cummins JD	155	Djankov S	105
Milevsky MA	149	Altman EI	103

1.2.4 基于作者共被引和文献共被引的担保核心框架分析

被大量引用的文献往往是理论发展的重要里程碑，利用 CiteSpace 的突发性文献演化路径，可以生成从 1972 年到 2020 年期间被大量引用的相关文献列表，从而确定担保理论发展的主要里程碑。表 1-3 为担保理论英文期刊中的高被引文献列表，共有 95 篇。这里有两点需要说明：①前文中的高被引作者所发表的担保相关文献可能没有出现在表 1-3 中，原因可能是部分作者文章总数

表1-3　1972—2020年高被引文献列表

Author	Time	Article
Stiglitz	1972	Some aspects of the pure theory of corporate finance: bankruptcies and take-overs
Barro	1976	The loan market, collateral, and rates of interest
Rothschild, Stiglitz	1978	Equilibrium in competitive insurance markets - essay on economics of imperfect information
Merton	1977	An analytic derivation of the cost of deposit insurance and loan guarantees an application of modern option pricing theory
Benjamin	1978	The use of collateral to enforce debt contracts
Smith, Warner	1979	On financial contracting: an analysis of bond covenants
Sosin	1980	On the valuation of federal loan guarantees to corporations
Stiglitz, Weiss	1981	Credit rationing in markets with imperfect information
Stulz, Johnson	1985	An analysis of secured debt
Bester	1985	Screening vs. rationing in credit markets with imperfect information
Bensanko, Thakor	1987	Collateral and rationing: sorting equilibria in monopolistic and competitive credit markets
Cummins	1988	Risk-based premiums for insurance guaranty funds
Keeley	1990	Deposit insurance, risk, and market power in banking
Berger, Udell	1990	Collateral, loan quality and bank risk
Merton, Bodie	1992	On the management of financial guarantees
Bester	1994	The role of collateral in a model of debt renegotiation

续表

Author	Time	Article
Lee, Mayers, Smith	1997	Guaranty funds and risk – taking evidence from the insurance industry
Katz	1999	An economic analysis of the guaranty contract
Boyle, Hardy	1997	Reserving for maturity guarantees: two approaches
Biais, Gollier	1997	Trade credit and credit rationing
Harhoff, Körting	1998	Lending relationships in Germany – empirical evidence from survey data
Downs, Sommer	1999	Monitoring, ownership, and risk – taking: the impact of guaranty funds
Yu	1999	An accurate analysis of vulnerable loan guarantees
Ng, Smith, Smith	1999	Evidence on the determinants of credit terms used in interfirm trade
Grosen, Jørgensen	2000	Fair valuation of life insurance liabilities: the impact of interest rate guarantees, surrender options and bonus policies
Johnson, La Porta, Lopez – de – Silanes	2000	Tunneling
Riding, Haines	2001	Loan guarantees: costs of default and benefits to small firms
Grosen, Jørgensen	2002	Life insurance liabilities at market value: an analysis of insolvency risk, bonus policy, and regulatory intervention rules in a barrier option framework
Bacinello	2003	Fair valuation of a guaranteed life insurance participating contract embedding a surrender option
Hovakimian, Kane, Laeven	2003	How country and safety – net characteristics affect bank risk – shifting

续表

Author	Time	Article
Cowling, Mitchell	2003	Is the small firms loan guarantee scheme hazardous for banks or helpful to small business?
Tanskanen, Lukkarinen Bacinello	2003	Fair valuation of path-dependent participating life insurance contracts
Miltersen, Persson	2003	Pricing guaranteed life insurance participating policies with annual premiums and surrender option
	2003	Guaranteed investment contracts: distributed and undistributed excess return
Burnside, Eichenbaum, Rebelo	2004	Government guarantees and self-fulfilling speculative attacks
Barth, Caprio, Levine	2004	Bank regulation and supervision: what works best?
Duan, Yu	2005	Fair insurance guaranty premia in the presence of risk-based capital regulations, stochastic interest rate and catastrophe risk
Boocock, Shariff	2005	Measuring the effectiveness of credit guarantee schemes: evidence from Malaysia
Sohn, Moon, Kim	2005	Improved technology scoring model for credit guarantee fund
Karoui, Jeanblanc, Lacoste	2005	Optimal portfolio management with American capital guarantee
Ballotta, Haberman, Wang	2006	Guarantees in with-profit and unitized with-profit life insurance contracts: fair valuation problem in presence of the default option
Hackbarth, Miao, Morellec	2006	Capital structure, credit risk, and macroeconomic conditions
Coleman, Li, Patron	2006	Hedging guarantees in variable annuities under both equity and interest rate risks
Chang, Chung, Yu	2006	Loan guarantee portfolios and joint loan guarantees with stochastic interest rates
Muermann, Mitchell, Volkman	2006	Regret, portfolio choice, and guarantees in defined contribution schemes

续表

Author	Time	Article
Milevsky, Salisbury	2006	Financial valuation of guaranteed minimum withdrawal benefits
Egger, Url	2006	Public export credit guarantees and foreign trade structure: evidence from Austria
Coleman	2007	Robustly hedging variable annuities with guarantees under jump and volatility risks
Love, Preve, Sarria-Allende	2007	Trade credit and bank credit: evidence from recent financial crises
Bauer, Kling, Russ	2008	A universal pricing framework for guaranteed minimum benefits in variable annuities
Kang, Heshmati	2008	Effect of credit guarantee policy on survival and performance of SMEs in Republic of Korea
Dai, Kuen Kwok, Zong	2008	Guaranteed minimum withdrawal benefit in variable annuities
Chen, Vetzal, Forsyth	2008	The effect of modelling parameters on the value of GMWB guarantees
Cheung	2009	Tunneling and propping up: an analysis of related party transactions by Chinese listed companies
Zecchini, Ventura	2009	The impact of public guarantees on credit to SMEs
Berkman, Cole, Fu	2009	Expropriation through loan guarantees to related parties: evidence from China
Laeven, Levine	2009	Bank governance, regulation and risk taking
Ono, Uesugi	2009	Role of collateral and personal guarantees in relationship lending: evidence from Japan's SME loan market
Oh	2009	Evaluation of credit guarantee policy using propensity score matching
Honohan	2010	Partial credit guarantees: principles and practice
Cowling	2010	The role of loan guarantee schemes in alleviating credit rationing in the UK

续表

Author	Time	Article
Jiang, Lee, Yue	2010	Tunneling through intercorporate loans: the China experience
Zymler, Rustem, Kuhn	2011	Robust portfolio optimization with derivative insurance guarantees
Uesugi, Sakai, Yamashiro	2010	The effectiveness of public credit guarantees in the Japanese loan market
Bacinello, Biffis, Millossovich	2010	Regression – based algorithms for life insurance contracts with surrender guarantees
Columba, Gambacorta, Mistrulli	2010	Mutual Guarantee institutions and small business finance
Houston	2010	Creditor rights, information sharing, and bank risk taking
Veronesi, Zingales	2010	Paulson's gift
Jian, Wong	2010	Propping through related – party transactions
Gropp, Hakenes, Schnabel	2011	Competition, risk – shifting, and public bail – out policies
Giannetti, Burkart, Ellingsen	2011	What you sell is what you lend? Explaining trade credit contracts
Li	2011	Privatization and risk sharing: evidence from the split share structure reform in China
Peng, Wei, Yang	2011	Tunneling or propping: evidence from connected transactions in China
Beltratti, Stulz	2012	The credit crisis around the globe: why did some banks perform better?
Kouvelis, Zhao	2012	Financing the newsvendor suppliervs. Bank, and the structure of optimal trade credit contracts
Ashuri	2012	Risk – neutral pricing approach for evaluating BOT highway projects with government minimum revenue guarantee options
Jeske, Krueger, Mitman	2013	Housing, mortgage bailout guarantees and the macro economy

续表

Author	Time	Article
Berger, Bouwman	2013	How does capital affect bank performance during financial crises?
Anginer, Demirguc – Kunt, Zhu	2014	How does deposit insurance affect bank risk? Evidence from the recent crisis
Gropp, Gruendl, Guettler	2014	The impact of public guarantees on bank risk – taking: evidence from a natural experiment
Acharya, Drechsler, Schnabl	2014	A pyrrhic victory? Bank bailouts and sovereign credit risk
Toader	2015	Quantifying and explaining implicit public guarantees for European banks
Kelly, Lustig, Nieuwerburgh	2016	Too – systemic – to – fail: what option markets imply about sector – wide government guarantees
Yan	2016	A partial credit guarantee contract in a capital – constrained supply chain: Financing equilibrium and coordinating strategy
Fisher, McLaughlin	2016	Sovereign debt guarantees and default: lessons from the UK and Ireland, 1920 – 1938
Huang	2016	Tunneling through related – party loan guarantees: evidence from a quasi – experiment in China
Allen	2018	Government guarantees and financial stability
Hagendorff, Keasey, Vallascas	2018	When banks grow too big for their national economies: tail risks, risk channels, and government guarantees
Lee	2018	Government guaranteed small business loans and regional growth
Duarte, Gama, Gulamhussen	2018	Defaults in bank loans to SMEs during the financial crisis
Leonello	2018	Government guarantees and the two – way feedback between banking and sovereign debt crises
Anginer	2018	Corporate governance of banks and financial stability

续表

Author	Time	Article
Bacinello, Zoccolan	2019	Variable annuities with a threshold fee: valuation, numerical implementation and comparative static analysis
Higgins	2021	Evaluating the effects of small business administration lending on growth
Kim, Yasuda	2019	Accounting information quality and guaranteed loans: evidence from Japanese SMEs

较多但单篇引用量不足；或者他们的高被引文献与担保理论无关，与担保相关的文献引用量不足。②由于本书所使用的数据库不够全面，CiteSpace 生成的突发性文献演化路径图中无法得到 1990 年之前的高被引文献信息，且 CiteSpace 得到的突发性文献演化路径表中文献至少要满足连续 3 年高被引的条件，近几年研究成果无法用软件分析。我们手工收集了 2018—2020 年的高被引文献，并加入至列表中。从高被引文献列表中，可以找出担保相关研究的演化过程，得出以下担保核心框架内容。

（1）担保动机

本研究的第一篇里程碑式的论文是 Stiglitz（1972）通过理论建模，研究担保动机的论文。他得出公司估值与财务政策、财务决策与公司投资水平之间的关系，认为公司的股东决定公司是否提供担保，而担保为公司带来正收益的可能是股东制定担保决策的主要依据。Downs（1999）通过对财产责任保险行业内部人所有权与风险承担之间关系的调查，为风险补贴（保险公司利用看跌期权增加风险）和风险监控假说提供了证据，即担保基金的结构为业主提供激励，鼓励保险公司承担风险。Muermann（2006）发现，后悔厌恶会影响固定缴款计划参与者对回报率保证的看法（以其支付意愿为衡量标准），当投资组合风险较大时，后悔厌恶型投资者购买担保的意愿增加。

利益侵占为提供担保的另一大动机。La Porta（2000）定义挖掘隧道为将公司的资源转移给控股股东，指出合法挖掘隧道的形式多种多样，其中包括以公司资产作为抵押的贷款担保。Cheung（2009）认为，上市公司中小股东与控股股东进行关联交易时，既会受到挖掘隧道行为的侵占，也会受到扶持。代表隧道挖掘的关联方交易与代表支持的关联方交易相比，其信息披露显著减少。Berkman（2009）分析了上市公司向其控股股东或控股股东控制的实体提供贷款担保，从而从小股东那里掠夺财富的行为。研究指出，隧道挖掘和利益侵占是中国公司提供贷款担保的主要动机。Jiang（2010）研究了不同类型的公司利用资产负债表"其他应收款"项目中的公司间贷款进行的隧道挖掘行为。Peng（2011）指出，当上市公司财务健康（处于财务困境）时，其控股股东更有可能进行关联交易，以掏空（支撑）其上市公司，而市场对这些交易的公告反应不利（有利）。Huang（2016）发现，中国企业在企业所得税改革后，通过未偿关联方贷款担保进行隧道挖掘的强度和倾向都有所增加，表明旨在遏制一种隧道挖掘方式的改革可能会鼓励另一种隧道挖掘方式。

（2）担保市场均衡研究

Rothschild 和 Stiglitz（1976）建立模型，从保险市场上的供应与需求出发，探讨了存在不完全信息时竞争保险市场上价格与数量古诺—纳什均衡的情况，发现少量的不完全信息也能对竞争市场产生重大影响，甚至导致竞争保险市场中可能不存在均衡。Stiglitz 和 Weiss（1981）指出，没有一种金融工具可以让可贷资金的供给与需求达到均衡，故信贷市场的均衡状态可能是信贷配给。Bester（1985）证明，如果银行通过同时确定抵押品和利率来筛选投资者的风险，则在均衡状态下不会发生信贷配给；如果银行将其贷款合同的担保要求作为一种信号机制，就不会拒绝任何借款人的贷款。Bensanko 和 Thakor（1987）说明，在有抵押物且存款供应具有完全弹性的情况下，均衡信贷配给是可能的。

（3）担保价值

Merton（1977）通过证明贷款担保与普通股看跌期权之间的同构对应关系，利用期权定价理论，建立存款保险和贷款担保定价模型，推导出贷款中担保签发给担保人带来的费用公式。Sosin（1980）利用 Merton 的比例股利期权定价模型获得贷款担保的纯金钱成本，显示了引进次级债务和贷款担保对高级和低级债务合同利率的影响，列出了公司债务持有人因担保而节省的利息的估计。

Johnson 和 Stulz (1985) 使用或有债权定价技术来研究有担保债务的定价，讨论了担保债务的使用如何去降低监测成本、缓解投资不足。Lai 和 Yu (1999) 计算了担保和非担保次级贷款的价值，以及它们的差值（担保），并展示了如果担保本身不是无违约的，如何修改 Merton 贷款基本恒等式：风险贷款 = 无违约贷款 - 贷款担保。Miltersen (2003) 分析了担保的年度最低收益率以及正超额收益率的分布规律。Duan (2005) 衡量了在包含基于风险的资本监管、利率风险和灾难性损失可能性的环境下，对保险担保基金违约的成本。Coleman (2006, 2007) 建立了担保中嵌入期权的离散对冲模型，对其进行风险管理，研究了权益和利率风险下套期保值策略的计算和有效性。Chang 等 (2006) 研究了借款人和担保人的部分参数对贷款担保价值以及违约概率的影响；同时发现，担保或担保人的次级债或优先债的数额会显著影响贷款担保合同的价值和违约概率。Ashuri (2012) 使用基于市场的期权定价方法，为 BOT 项目中的最小收益保证期权定价，以确定 BOT 项目在未来交通需求不确定性下的经济风险。Toader (2015) 对公共隐性担保的价值进行了估计，并指出银行的实力、政府提供支持的财政能力以及政府为避免银行破产而进行干预的意愿是价值的决定因素。

关于保险定价问题，Cummins (1988) 基于 Merton 等人建立的存款保费计价模型，假设资产和负债随时间变化的路径可以通过扩散过程描述，且保证基金一定会为其支付债务，建立了保费计算模型。该模型中即使保费账户已耗尽，担保人也会承诺支付损失的价值。Boyle 和 Hardy (1997) 比较了基于对未来投资回报的随机模拟和基于现代期权定价理论的担保定价的方法。Grosen (2000, 2002) 和 Bacinello (2003, 2010) 通过建立动态模型，评估嵌入退保期权的有保证寿险参与保单的定价问题。Tanskanen (2003) 研究了路径依赖的参与寿险合同和其中包含的期权元素的公允价值。随后，Ballotta (2006) 将或有索赔理论应用于嵌入退保期权的参与寿险保单的估价。Milevsky（2006）评估了一种针对可变年金保单提供的附加保险 GMWB 的成本和价值。Bauer（2008）、Dai（2008）、Chen（2008）对内含担保的可变年金产品进行了定价。Zymler 等（2010）建立了一个稳健优化模型，用于设计用弱担保和强担保换取最坏情况下的回报的投资组合。Bacinello（2019）提出了一个基于蒙特卡罗的可变年金估值模型，该模型在死亡和到期时提供担保，并通过应用一种依赖于国家的门槛类型的费用结构进行融资。

（4）担保行为影响因素

Keeley（1990）通过建立理论模型，采用 Tobin's Q 来衡量银行的市场力量，并指出，银行和储蓄机构存款保险基金支出增加的部分原因可能是由于银行和金融服务行业内部竞争加剧，导致相关的银行执照价值普遍下降。Harhoff 和 Korting（1998）实证检验了贷款关系在确定外部资金成本和担保要求方面的作用，发现拥有更集中借款和长期银行关系的企业，在抵押要求、利率和信贷可获得性方面更为宽松，故长期的借贷关系和集中借贷是公司所需要的。Laeven（2009）提出，银行的股权结构是银行风险与存款保险政策之间关系的重要影响因素，银行的股权集中度导致同样监管对银行风险承担产生了不同的效果。Ono（2009）研究了抵押品和个人担保使用的决定因素，认为使用抵押品无法减轻道德风险；此外，与银行有长期关系的借款人更有可能进行质押。Oh（2009）指出，由于逆向选择问题，在选择接受担保的公司时，生产率较低的企业更有可能得到担保。Kim 和 Yasuda（2019）实证发现，较高的会计应计项目质量与政府担保贷款（交易贷款）的使用率有关，但与非担保贷款（关系贷款）的使用率无关。同时，较高的应计利润质量与担保贷款的利率无关，而与较低的非担保贷款利率有关。

（5）担保风险

Stiglitz 和 Weiss（1981）指出，高抵押品要求可能会导致银行的投资组合风险上升，因为此时一些低风险的借款人可能不会借款，或者借款人可能会投向高风险的投资项目。Berger 和 Udell (1990) 认为，抵押品通常与风险较高的借款人、贷款和银行联系在一起，并且抵押品的追索权不能完全抵消有担保借款人的较高风险。Laeven (2003) 分析了存款保险制度风险转移，发现显性存款保险通过纳入风险敏感保费、承保限额和共保等损失控制特性，缓解了加剧风险转移的趋势。

（6）担保的市场、经济效应

Barro (1976) 通过建立模型，分析了抵押物在贷款市场利率确定中的作用，研究了贷款人预期利息回报和贷款规模一定时，向外贷款时显式贷款利率变化的影响。Merton (1992) 提出，当母公司为子公司的债务或其他合同义务提供担保、公司签订掉期和其他衍生证券合同、公司具有固定收益养老金计划下的养老金义务时，对担保的分析是财务人员决策和管理控制的核心。Katz (1999) 认为担保可以降低贷款人、担保人等主体的交易成本。担保契约使贷款人将债务人违约的部分风险，连同相关的监管和执行义务打包出售给担保人。由于各交易主体优势互补，担保降低了整体的交易成本，此时其交易总成本比无担保情况下的成本更低。Lee 等 (1997) 通过研究保险公司在采用国家担保基金计划之前和之后的资产组合变化，发现在引入担保基金之后，保险公司将其资产配置转向风险更高的资产类别。Kouvelis (2012) 认为抵押品可以使零售商提高其相对银行融资的利润。

担保的出现可以降低股东与债权人的激励冲突所引发的代理成本。Benjamin 和 Daniel (1978) 指出，债务合同中广泛使用的抵押品是市场对执行合同成本的反映；抵押资产的特征对债务的支付时间有着重要影响。在信用合作社中，无担保贷款的利率相对于有担保贷款的利率更低。Smith 和 Warner (1979) 研究了债务契约如何用来控制债券持有人与股东之间的冲突，说明当存在担保时，股东采纳会减少公司价值的高风险投资项目的可能性将会变小。

担保可以作为一种风险筛选的机制。Bensanko 和 Thakor（1987）提出，银行可以设计一种信贷契约，该契约中，担保和利率是此消彼长的关系，可以将不同风险类型的借款人区分开来。Bester（1994）指出，债务再谈判会影响到担保筛选机制的效果。因为如果高风险借款人也对担保有兴趣，低风险的借款人将失去使用担保将其与高风险借款人相分离的激励。Biais（1997）认为贸易信贷可以缓解银行和公司之间由于信息不对称导致的信贷配给。Ng，Smith 和 Smith（1999）认为公司间信贷政策能够解决有关产品质量和买方信誉的信息问题。反映买方和卖方不确定性、逆向选择机会和机会主义的变量通常是选择扩大信贷和信贷合同形式的重要决定因素。Duarte 等（2018）认为，质量较好的企业提供质押和抵押品作为承诺，做出更大努力、承担更少风险。个人担保在金融危机最严重时期，在促进银行贷款和减少银行贷款违约方面发挥了关键作用。

（7）担保与中小企业

Riding 和 Haines（2001）实证研究指出，贷款担保项目是支持新兴和高风险企业创业、成长和生存的有效手段。Cowling（2003）认为贷款保证计划可以减轻信贷配给，解决了在该计划下获得贷款的大多数小企业真正面临的资本限制问题。Sohn（2005）建立了全新的中小企业技术信用担保基金的评分模型，以降低由于不恰当的担保发生的临界损失。Kang（2008）从企业层面分析了信用担保对中小企业生存和绩效的影响，指出信用担保在一定程度上满足了缓解中小企业融资难、稳定就业的目标。促进了销售和生产力的增长，帮助中小企业以较低的社会成本恢复经营活动，但未能稳定就业；而 Oh（2009）则认为信用担保对提高企业的研发和投资以及生产率的增长没有显著影响。Zecchini 和 Ventura（2009）发现公共信贷担保能在不损害中小企业财务可持续性的情况下，增加信贷可用性，降低借贷成本。Cowling（2010）检验了贷款担保计划能否通过促进受到信贷配给的小企业获得债务融资，来缓解信贷配给。Uesugi（2010）指出信贷担保提高了中小企业获得贷款的可能性，同时提高了借贷公司的事后绩效。Columba（2010）发现小企业可以通过加入相互担保机构（MGIs）来提高其借贷能力，与 MGIs 有关的小公司获得贷款的利率大大低于与 MGIs 无关的小公司。Lee（2018）和 Higgins、Lacombe 等（2020）发现有担保的小企业贷款似乎没有给地区经济带来净收益，或者说，政府担保小企业贷款对区域经济增长没有显著影响。与不区分小型企业类型的担保贷款计划相比，激励高风险技术担保贷款计划在促进区域增长方面更有效。

(8) 政府担保

Burnside（2004）认为政府对银行外国债权人的担保影响了银行承担汇率风险的意愿，从而导致了银行—货币双重危机。在政府提供担保的情况下，银行借入外币，借出本国货币，却不对冲由此产生的汇率风险，并且银行可能在货币贬值时违约并宣布破产。Egger（2006）说明，政府可利用公共出口信贷担保，以纠正由于信息不对称和外国借款人质量不安全所造成的交易成本所导致的市场失灵。Honohan（2010）研究了政府的部分信贷担保计划，认为该计划能够在信贷紧缩条件下为小企业提供融资渠道，但同时也可能被短视的政客利用，以低估担保的真实成本。Uesugi（2010）认为政府信用担保计划降低了银行对抵押品和第三方个人担保的要求。Gropp（2011）认为金融危机期间发行的政府担保可能对未来银行体系的稳定构成威胁。隐性或显性政府担保的主要成本在于使竞争银行承担更高的风险，而不是保护银行本身。Jeske（2013）评估了政府救助担保对政府支持企业（如房利美）的宏观经济和分配效果，发现这种担保会导致过度的抵押贷款发放、更高的杠杆率和更大的止赎率。若废除担保可以获得稳定的国家总体福利收益。Gropp（2014）检验了政府担保对银行冒险行为的影响，结果显示，政府担保存在较强的道德风险效应；政府担保被取消的银行通过切断风险最高的借款人的信贷，降低了信贷风险。Foley-Fisher 和 Mclaughlin（2016）发现，制度因素无法消除担保的所有不确定性，而政府担保的不确定性造成了二级市场上一个不小的风险溢价。Allen 等（2017）研究表明，政府担保能提高储户的福利，促使银行改善流动性供应，尽管这有时会增加银行挤兑的可能性或造成银行行为的扭曲。Hagendorff（2017）发现相对规模较大的银行的尾部风险中，持续存在着一个银行特有的、与政府担保有关的风险。Leonello（2018）研究表明，担保是连接银行和主权稳定的关键渠道，增加担保规模可能有利于银行与主权国家之间的关系，因为它在不损害主权偿付能力的情况下增强了金融稳定。

（9）担保与金融危机

Love（2007）研究了金融危机前后贸易信贷政策的变化，发现在金融危机高峰时贸易信贷增加，随后在危机事件发生后这一融资来源崩溃。在危机发生前，短期债务比例较高的企业是贸易信贷的重要提供者。然而，危机过后，这些公司大幅削减了向客户提供的信贷，并增加了对供应商信贷的依赖。与危机相关的财政状况变化与贸易信贷政策的相应变化有关。Beltratti（2012）分析指出，在金融危机期间，拥有更多一级资本、更多存款、较少美国房地产风险敞口以及较少融资脆弱性的银行绩效更好。Berger（2013）指出，资本有助于提高银行在金融危机时期的生存概率和业绩。Anginer（2014）认为，在发生全球金融危机时，拥有存款保险的国家，独立银行风险和系统性风险都较低。存款保险在银行危机中发挥了显著的稳定作用。存款保险的"道德风险效应"在繁荣时期占主导地位，而存款保险的"稳定化效应"在动荡时期占主导地位。此外，良好的银行监管能够缓解存款保险在经济景气时期对系统性风险的不利影响。Acharya（2014）指出，金融业发生危机时，发达国家出现的重大主权信用风险及其对银行偿付能力的破坏性反馈效应，是银行纾困的一项重要潜在成本。Kelly（2016）通过研究 2007—2009 年金融危机期间美国期权市场金融崩溃保险的定价，发现政府在危机期间通过向金融业提供全行业纾困担保，吸收了金融行业崩溃保险成本中的总尾部风险。Duarte 等（2018）指出，在金融危机期间，宏观经济政策不仅旨在通过促进中小企业获得信贷，从而使境况不佳的经济体实现增长，而且还通过减少对中小企业贷款违约的潜在影响，来保障银行体系的可解决性和流动性。

1.3 中文担保研究特征及发展态势

CiteSpace 目前对 CNKI 的数据仅能进行合作网络分析中的作者、机构分析和共现分析中的关键词分析，因此本书对采集自 CNKI 的数据进行合作网络分析和共现分析，来研究现有文献中的研究热点、研究趋势以及知识结构。

本章中，CiteSpace 的参数设置为：时间切片分段从 1992—2020 年，每年一分段；关联强度算法为 Cosine。

1.3.1 作者合作网络

首先，将获取的 CNKI 数据转换为 WoS 格式，并在 CiteSpace 中建立一个新项目导入文献数据。设置网络节点类型为"Author"，用于作者合作网络的分析；同时，设置 Top N per slice 阈值为 50 进行数据提取，即每年被引用次数最多的前 50 名作者用于构建当年被引用的参考文献网络。运行后，软件显示共有 6055 个有效数据。

其次，选择对数据进行可视化处理，并设置仅显示该网络的最大子网络，设置突发性探测。为了使图谱清晰、直观，网络图中只显示了频数出现大于等于 3 的作者，并且设置显示文字标签的最低

第 1 章 担保研究的国内外发展现状

频数为 5，得到担保理论中文文献作者合作网络图谱，如图 1-8 所示。

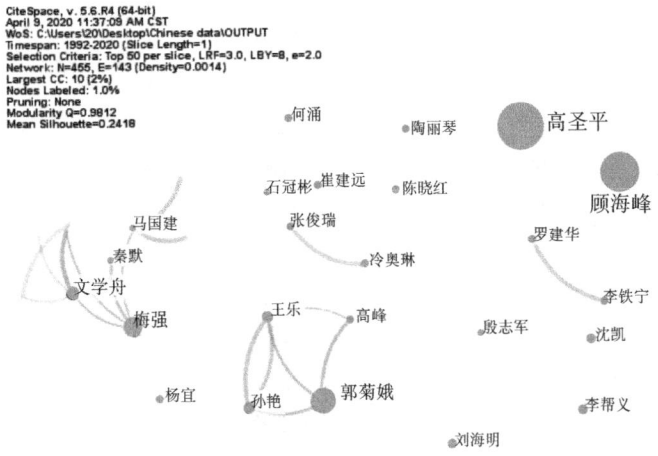

图 1-8　1992—2020 年担保理论中文文献作者网络图谱

该网络的模块化度非常高，达到了 0.9812。一般而言，高模块化的网络在模块内的节点之间具有密集连接，这表明科学制图在聚类中有明确的定义。通过该文献合作网络图谱可以直观地看出，图 1-8 中的 4 个作者合作子网络以高圣平、郭菊娥、梅强、顾海峰这四位学者为核心，节点的大小代表了文章数量，节点名称代表了该领域高产的作者。在 CiteSpace 中输出聚类列表，设置仅显示文献频数大于等于 5 的作者，排名结果如表 1-4 所示。

表 1-4　　　　1992—2020 年作者网络聚类结果

Author	Freq	Half-life	Author	Freq	Half-life
高圣平	49	7	刘海明	7	0
顾海峰	33	2	陶丽琴	6	0
郭菊娥	22	1	程啸	6	9
梅强	21	1	高峰	6	1

31

续表

Author	Freq	Half-life	Author	Freq	Half-life
文学舟	13	7	石冠彬	6	6
刘斌	12	3	马国建	6	1
王乐	11	1	秦默	6	1
钟田丽	11	2	吴志宇	5	0
孙艳	10	1	何涌	5	1
王利明	8	6	杨宜	5	2
李金泽	8	6	崔建远	5	0
罗建华	8	2	陈祥健	5	0
陈秋明	8	3	冷奥琳	5	0
李帮义	7	0	沈凯	5	0
陈晓红	7	1	崔晓玲	5	0
张俊瑞	7	1	李林启	5	0
董学立	7	10			

在这些作者中，文献频数排名第一的是中国人民大学的高圣平教授，他是一位长江学者特聘教授，研究方向是民商法、担保法、土地法与房地产法。高圣平参与了《物权法》《融资租赁法》的起草工作，在最近30余年里发表的与担保相关的中文文献数量达到41篇，被引量超过100次的文献为9篇。他的高被引文献多与担保物权相关，如他认为在物权法定主义之下，房屋、宅基地使用权、土地承包经营权这些不动产、权利均应允许作为信贷担保物（2009）；认为在物权法定主义之下，非典型担保实难取得担保物权地位，没有必要引进让与担保这一具有体系异质性的制度（2010）；阐述了现行法对农地金融化约束的困境，可通过对土地承包经营权抵押的强制管理进行解决（2014）。

东华大学的顾海峰教授也是该领域的高产作者，他的研究集中在中小企业信用担保风险方面。他从信息经济学角度，讨论了金融市场中的信息不对称理论，对信息不对称导致中小企业信用担保风险形成的内在机制进行了深入研究（2007）；认为信贷配给正是中小企业融资困境产生的根本原因，提出了信贷配给的治理路径，即建立商业银行与担保机构的风险协作机制（2010）；同时，他也提出构建中小企业信用担保机制是解决中小企业融资瓶颈的重要途径（2009，2011）。

西安交通大学的郭菊娥教授有着较大的合作子网络，孙艳、王乐、张国兴、高峰是她经常合作的作者，对于贷款担保和政府担保都有一定的研究；江苏大学的梅强教授也有着较大的合作子网络，他的研究集中于中小企业信用担保的运作模式、体系构建、风险控制等方面，文学舟、秦默、马国建是他经常合作的作者。

从 CiteSpace 的输出结果中可知，李明发、董学立、程啸、高圣平、文学舟、王利明、李金泽和石冠一的文献和其他人相比，具有明显更大的引文半衰期，这些作者发表的部分文献，可以看作是持续高被引的经典文献。

1.3.2 机构合作网络

设置网络节点类型为"Institution"，用于机构合作网络的分析。在这里，设置 Top N per slice 阈值为 50 进行数据提取。选择对数据进行可视化处理，并设置仅显示该网络的最大子网络，设置突发性探测，得到担保理论中文文献机构合作网络图谱，如图 1-9 所示。

图谱中各个机构文献发表频数以字体的大小直观显示出来，节点名称代表了发表文献作者所在的机构。通过该网络图谱可以直观地看出，图中的合作子网络以中国人民大学法学院为核心，该机构文献频数为 85，文献频数超过 30 的机构还有武汉大学法学院、西安交通大学管理学院、中南大学商学院、清华大学法学院。在 CiteSpace 中输出聚类列表，设置仅显示发表文献频数大于等于 10 的机构，排名结果如表 1-5 所示。

图 1-9 1992—2020 年担保理论中文文献机构网络图谱

表 1-5 1992—2020 年机构网络聚类结果

Author	Freq	Half life	Author	Freq	Half life
中国人民大学法学院	85	10	南京农业大学金融学院	15	3
武汉大学法学院	39	12	中国社会科学院法学研究所	14	20
西安交通大学管理学院	37	8	吉林大学法学院	12	8
中南大学商学院	37	7	西南财经大学	12	2
清华大学法学院	36	6	江苏大学工商管理学院	12	2
北京大学法学院	28	16	华东政法学院	23	2
中国人民大学民商事法律科学研究中心	27	6	东北大学工商管理学院	12	2
西南政法大学民商法学院	27	7	财政部财政科学研究所	11	2
西安交通大学经济与金融学院	21	7	长沙理工大学经济与管理学院	11	2
中国政法大学民商经济法学院	18	6	对外经济贸易大学法学院	11	1
最高人民法院	17	6	湖南大学金融与统计学院	11	2
西南政法大学	17	13	东华大学旭日工商管理学院	10	1
江苏大学管理学院	16	6	郑州大学法学院	10	1

在这些机构中，文献频数排名第一的是中国人民大学法学院。中国人民大学法律系成立于 1950 年，是中国法学教育顶尖的王牌院校"五院四系"之一，在全国法学学科中排名第一，近年来，该机构的许多文献也做了有关担保立法、担保制度、担保风险等与担保理论相关的研究。武汉大学法学院、西安交通大学管理学院、清华大学法学院、北京大学法学院等机构对担保理论的研究也作出了一定的贡献。

从 CiteSpace 的输出结果可知，中国社会科学院法学研究所、北京大学法学院、武汉大学法学院等机构产出的文献具有较长的文献半衰期，可以看作是持续高被引的高质量文献。

1.3.3 关键词共现网络

设置提取名词术语，网络节点类型为"Keyword"，用于关键词共现网络的分析。设置前、中、后三个时间段 c、cc、ccv 的阈值分别为 (2.2.20)、(4.2.20)、(4.2.20) 进行数据提取；同时设置网络的裁剪方式为 Pathfinder。对数据进行可视化处理，使用 CiteSpace 中 "Find Clusters" 这一功能，并利用关键词对各个聚类进行命名，得到担保理论中文文献关键词共现网络图谱，如图 1 – 10 所示。

图谱中，文献发表的时间以连线的色差表示，深色文献发表时间最久远，浅色为近几年发表的文献。该网络的模块化度为 0.542，表明科学制图的专业在共引聚类中的定义不是很明确。平均廓形评分为 0.4419，数值不是很大，主要是由于小簇较多。

根据聚类结果，担保理论主干文献的关键词大致可以聚为 13 类，分别为：企业管理、抵押权人、债权人、担保、股票市场、东道国、保证责任、初始直接费用、劳动者、信用证、文化机构、保函业务和财产抵押。在 CiteSpace 中输出聚类列表，这里对关键词出现频数大于等于 30 的关键词进行降序排名，排名结果如表 1 – 6 所示。

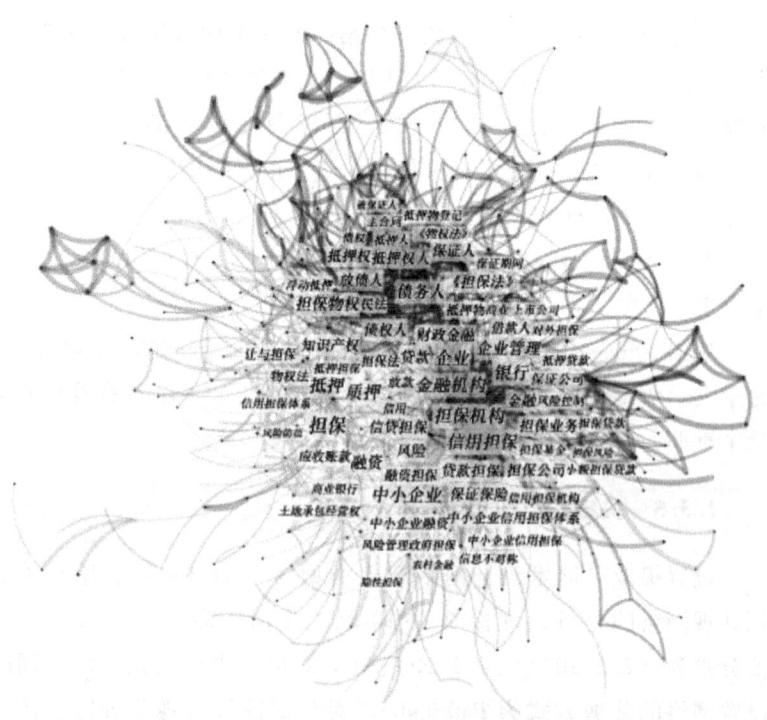

图 1-10　1992—2020 年担保理论中文文献关键词共现网络图谱

表 1-6　　　1992—2020 年关键词共现聚类结果

Keyword	Freq	Burst	Keyword	Freq	Burst
担保	637	82.62	放款	72	9.41
中小企业	460	44.77	应收账款	69	21.51
银行	420	8.33	物权法	63	24.82
信用担保	417	30.55	保证公司	62	8.18
金融机构	417	6.24	浮动抵押	59	14.48
抵押	294	68.96	抵押人	59	12.35
质押	274	57.41	担保基金	56	15.58
担保机构	259	11.10	信用担保机构	55	10.97
企业	246	10.05	抵押贷款	54	7.09
企业管理	240	11.16	政府担保	51	6.03

续表

Keyword	Freq	Burst	Keyword	Freq	Burst
融资	228	29.92	中小企业信用担保体系构建	49	10.87
担保物权	214	19.07	信用	47	12.45
债务人	171	29.77	主合同	46	15.38
债权人	154	24.65	商业银行	44	9.72
信贷担保	148	5.95	对外担保	44	5.23
贷款担保	147	6.93	风险控制	44	14.46
放贷人	145	26.65	债权	42	4.84
贷款	132	3.57	商业	42	4.30
保证保险	121	7.61	土地承包经营权	42	19.72
《担保法》	118	30.27	保证期间	39	8.87
保证人	118	20.76	小额担保贷款	38	12.91
抵押权人	117	20.13	信息不对称	37	9.04
财政金融	115	8.56	抵押物登记	37	14.86
担保业务	104	7.00	信用担保体系	35	8.48
抵押权	103	3.55	《物权法》	35	19.88
金融	103	8.02	担保风险	35	6.76
担保公司	96	6.18	上市公司	34	12.69
让与担保	89	20.65	抵押担保	33	3.90
融资担保	89	24.83	担保合同	32	4.86
风险	88	18.55	被保证人	32	13.81
知识产权	87	35.38	主债务人	32	9.93
担保法	84	12.73	质权人	31	6.73
抵押物	83	21.88	信贷	30	3.76
借款人	83	9.78	借款合同	30	11.37
民法	81	12.57	财产权	30	7.75
中小企业信用担保体系	79	10.59	当事人	30	7.35
中小企业融资	78	9.71			

从表 1-6 可以清楚看出，在担保理论相关研究中，担保、中小企业、银行、信用担保、金融机构、抵押、质押、担保机构、融资、债务人、债权人、信贷担保、贷款担保、保证保险、《担保法》等高频主题词是担保相关文献研究的重点。从这些词语之间的关系来看，中小企业、银行、金融机构是与担保业务相关的行为主体，是担保业务不可或缺的部分；融资担保的目的一般是为企业顺利取得融资；信用担保、抵押、质押、保证都是我国《担保法》中规定的担保形式；信贷担保、贷款担保、保证保险都是担保在金融业务中的运用。

1.3.4 基于关键词词频的中文期刊担保研究热点演进

担保理论内容发展的过程，可由具有高突发性的关键词演变过程得出。在 CiteSpace 中，对名词设置突发性探测，突发性探测结果排序方式按照时间排序分区，得到排名居前列的突发性关键词结果如下：

1992—1995 年：债务人、债权人、抵押物、保证人、抵押权人、被保证人、抵押人、主债务人、保证合同、财产权、履行债务、借款方、义务、财产、借款、信用社、担保责任、投资者、外汇担保、资产、借款合同、抵押放款、借款人、银行、优先受偿、财产抵押、担保合同、债权、追偿权、《担保法》、主合同、抵押物登记、民法、第三人、检索抗辩权、先诉抗辩权、保函、物权担保、法律后果、受益人。

1996—2000 年：担保法、保证期间、当事人、合同无效、质权人、抵押合同、质物、担保债权、最高额抵押担保贷款、最高限额抵押、担保方式、出质人、《中华人民共和国担保法》、抵押登记、债务履行、无效保证、保证债务、保证责任、美利坚合众国、北美洲、美国、担保基金、中小企业信用担保、财政金融、保证公司、住房抵押贷款、财政管理、中小企业发展、商业、重复抵押、二级市场、股票市场、贷款担保基金、企业管理、中小企业信用担保体系、担保体系、保证保险、担保业务、贷款担保、诉讼时效、金融机构、信贷担保、住房抵押贷款证券化、国有商业银行。

2001—2005年：担保风险、二板市场、同业互保、抵押权、市场经济、中小企业融资难、信贷、贷款、信用担保体系、资本金、注册资金、优先权、上市公司、信用、公司对外担保、下岗失业人员、工程担保、担保行为、担保业、风险补偿、股东大会、小额担保贷款、信用担保机构、商业银行、信息不对称、对策、问题、保证、就业、定金风险防范。

2006—2010年：独立担保、中小企业、信用担保、物权法、风险、农村金融、动产担保、担保制度、物权、物的担保、应收账款、《物权法》、浮动抵押、创新、权利质权、抵押担保、质押、融资、再担保、互助担保、知识产权、融资担保、中小企业融资、担保机制、信用风险、对外担保、林权抵押贷款、土地承包经营权、风险控制、担保机构、融资性担保公司、担保公司、融资租赁。

2011—2015年：质押融资、法律风险、科技型中小企业、知识产权质押、监管、知识产权质押融资、供应链金融、抵押、融资性担保、法律制度、让与担保、担保物权、农村土地承包经营权、抵押贷款、宅基地使用权、农村、隐性担保、政府担保、风险管理。

2016—2020年：三权分置、土地经营权、小微企业、效力、民法典。

研究热点的演化过程可以从法律和金融两个层面来分析。

（1）法律层面

1986年我国颁布的《民法通则》中只采用了"财产权"这一概念，未引入"物权"概念，部分学者认为，这表明我国民事立法排斥建立系统物权制度，建议构建系统民法物权制度（史浩明，

1994)。1992年，党的十四大指出，我国经济体制改革的目标是建立和完善社会主义市场经济体制，而达成这个目标的一条重要途径是围绕市场经济关系，完善民事立法，特别是完善其中的物权制度。担保物权属于限制物权，而抵押权、质权、留置权都属于担保物权，这都在讨论范围内。

1995年6月，我国的《担保法》初次颁布，在该法出台前后，许多文献都对担保立法进行了相关讨论，对担保的种类及形式、担保过程中涉及的个体、担保的责任以及法律后果都做了一定的界定；部分研究将中国担保制度与其他国家（如美国）的担保制度进行比较。在该法颁布之前，由于立法不完善，延期归还贷款纠纷中与担保人有关的法律责任问题日益增加（郭银岗，1993）。银行以抵押、担保方式放贷，以保证贷款按期收回。然而由于法律上的不完善，担保制度并没有达到预想效果（弥振彪，1994）。李功国、朱沛智（1994）指出，应当像英美法系国家一样，建立能够规范商事交易行为的商法来规范商事活动中的责任，例如，担保责任或是法定担保义务。法律出台之后，董峻峰（1996）、李明发（1996）等学者探讨了《担保法》中关于保证、抵押、质押等担保方式的新规定，而崔建远（1996）则讨论了《担保法》作为一部年轻的法律，其中包含的影响正常适用的问题，例如，押金、并存的债务承担、证券抵押、所有人抵押、所有权保留，应当如何在解释和适用时进行解决。

进入21世纪，随着我国社会主义市场经济的快速发展，传统的担保形式无法满足市场不断高涨的融资需求。杨德明（2002）建议，应借鉴国际及中国港台地区的经验，引入让与担保这一非典型担保制度。这一时期公司对外担保不断增多，担保行为的相关风险也引起了讨论。《公司法》就上市公司对外担保行为的规则存在着一定的缺陷，可能会引起上市公司以其资产对外滥设担保的不合理行为，这一缺陷亟需补救（朱谦，2002）。

担保物权随着市场经济的发展而不断发展，这表现在动产担保、权利担保日益发达，动产质押日益衰落，非法定的、开放的非典型担保形式不断发展，在这样的背景下，我国的《物权法》草案适应经济发展的需要，规定了新的担保形式，如动产抵押、浮动抵押、在建建筑物抵押与收费权质押（王利明，2006）。2007年10月1日，我国的《物权法》正式颁布，部分学者对这部法律中的担保物权制度进行了讨论。孟勤国（2007）指出，《物权法》中不应出现抵押、质押、留置这些担保物权，它们应当归于债权编中；徐磊（2008）提出，现行相关法律依据中，对于人的保证与物的担保并存于一项债权时，保证责任、物保责任二者之间的处置方法存在矛盾。

2019年12月，我国民法典草案发布。在这之前，高圣平（2016）、董学立（2017）等学者都对民法典物权编中的担保物权制度进行了讨论，指出了未来法典编纂时应着力解决的内容。

（2）金融层面

2008年不良的房地产监管政策、MBS、CDO等金融衍生品的滥用助长了投机行为，导致美国金融危机爆发，这一风暴波及全世界。李国安（2009）认为，过度宽松的住房次级抵押贷款和资产证券化在金融危机中起了推波助澜和扩散的作用。在危机之后，财政当局采取了强有力的行动，以恢复经济和金融市场的秩序。具有双重追索权的资产担保债券，以其独特的风险收益特征，成为各国开展金融救援的重要方式（胡云超，2009）。在金融危机的背景之下，中国担保业需要明确行业政策选择，以应对风险（李铭，2009）。

近年来，关联担保的情况逐年上升。关联担保这种融资机制，其实质是为了解决信息不对称问题（王立彦，2007）。张虎和朱江（2011）指出，关联担保可以向贷款者补充信用，在一定程度上降低了借款者与贷款者之间的信息不对称程度以及债权人的信贷风险，并有利于缓解债权债务人之间的代理问题，机构投资者在关联担保中对控制大股东的掏空行为存在抑制效应。张俊民、李会云等（2018）研究表明，关联担保可以减少企业信息风险和债务代理风险，从而减少公司债务融资成本。

部分研究也对政府隐性担保进行了评述。陈其安等（2015）指出，由于地方政府违规或变相提供担保，导致地方政府隐性债务风险和银行业信贷风险不断加剧。罗荣华和刘劲劲（2016）从理论和实证的角度阐明了地方政府的财力状况通过影响政府的担保意愿和担保能力，共同影响政府的担保水平，进而影响城投债发行定价的作用机制。

中小企业是担保相关文献讨论离不开的一个话题，从20世纪90年代后期直到今天，中小企业担保的运作模式、体系建设、风险控制等都是研究热点。民营企业，特别是中小民营企业是国民经济的重要组成部分，对国民经济和社会发展的贡献越来越大，但其发展过程中存在着许许多多的问题。由于信息不对称、信贷配给等原因，资金紧张、融资渠道狭窄成为制约中小企业发展的重要因素，而担保可以为中小企业融资起到"保驾护航"的作用。曹凤岐（2001）提到，充分发挥政府作用，建立完善的中小企业信用担保体系，是解决中小企业贷款难问题的重要途径。叶建清（2005）提出，构建银行与担保机构协调机制，可以为中小企业提供间接融资支持，促进其良性发展。顾海峰（2010，2011）指出，建立商业银行与担保机构的风险协作机制、构建中小企业信用担保机制是缓解中小企业融资难问题的重要方法。李文中（2014）认为，在中小企业贷款难问题上，小额贷款保证保险能够发挥比保证担保更大的作用。

本章小结

本章应用信息可视化技术，使用 CiteSpace 软件，对来自 CNKI、WoS、Scopus 三大数据库与担保相关的文献数据进行了分析，绘制了担保理论发展科学知识图谱，厘清了担保理论的演进脉络。研究发现：一是由中文、英文文献的作者合作网络对比可知，较之国外的作者合作情况，国内的作者合作情况较少。英文文献中的作者合作网络非常多，研究担保这一领域的作者许多都具有稳定而紧密的作者合作网络；而中文文献中作者合作网络非常稀疏，仅有两个较大的合作网络，领域中的部分专家极少和其他作者合作；中文机构合作网络几乎不存在，网络中仅有机构节点。这体现了国内外作者在研究风格上的差异。

二是中文期刊中，与担保相关的文献集中在法律与金融这两大领域。分析发现，法律领域中的相关文献演化情况和我国与担保相关的法律法规不断完善的过程是一致的。从 1986 年的《民法通则》，1995 年的《担保法》，2007 年的《物权法》到《民法典》物权编，与担保相关的法律不断健全，学者们也在这个过程中对担保相关的法律问题做了许多研究与讨论。而在金融领域，担保总是与中小企业、融资机制和金融危机相联系，说明担保行为在研究这些问题中是关键问题，不可或缺。

三是从 20 世纪 70 年代的文献开始，学者们就担保理论建立了完备的理论体系，对担保的动机、担保的价值、担保的风险、担保的经济后果等问题都做了系统的研究。

第2章 我国担保市场监管制度的演进

担保发挥着促进资金融通、保障债权实现、稳定金融市场发展的核心基石作用。我国多元制度逻辑的担保监管制度格局以国家法律为基础,以国家部委的法规为核心,以企业内部控制基本规范及应用指引为具体规范指引。本章以国家法律层面、国务院部委行政法规层面、企业内部控制层面监管制度的产生为分界点,梳理我国担保监管制度的演进格局并分阶段讨论上市公司担保违规行为特征。

2.1 我国担保市场监管发展变迁

随着国民经济持续快速增长,担保业务在我国得到了长足发展。担保在保障债权实现,缓解企业资金压力、解决融资难等方面发挥了不可替代的作用。为保障担保行为合法、有序进行,我国先后于1994年、1995年颁布实施了《中华人民共和国公司法》和《中华人民共和国担保法》,标志着我国现代企业制度的建立,从此担保经济业务有了基本的法律依据。

上市公司担保监管制度发展。20世纪90年代是我国证券市场建立初期,至90年代末上市公司担保行为较少。此后,我国上市公司如雨后春笋,不管是数量上还是规模上都快速发展,担保经济业务频繁发生，上市公司违规担保问题十分严重，由担保链和担保圈、关联担保产生的问题不断，暴露出我国监管制度的不完善等缺点。中国证监会在 2000 年、2003 年先后发布了《关于规范上市公司对外担保行为的通知》和《关于规范上市公司与关联方资金往来及上市公司对外担保若干问题的通知》（证监发〔2003〕56 号）。但上市公司的违规担保问题在该阶段愈演愈烈。直至 2005 年，《中华人民共和国公司法》修订完成，同期证监会、银监会联合下发了《关于规范上市公司对外担保行为的通知》（证监发〔2005〕120 号，简称《120 号通知》），上市公司的担保信息得到有效披露，上市公司违规担保问题才得到有效遏制，为我国金融市场发展起到了稳定作用，但是上市公司违规担保问题依然存在。2010 年，财政部、证监会、审计署、银监会、保监会联合发布了《企业内部控制配套指引》（财会〔2010〕11 号），其中《企业内部控制应用指引第 12 号——担保业务》进一步规范了企业在提供担保和签署担保协议的过程中应当注意的合规、披露及风险防范等方面的内容及问题。

信用担保机构监管制度发展。从 1993 年中国投资担保有限公司应运而生，到 20 世纪 90 年代中后期中国民营经济大潮萌动，中小微企业如雨后春笋般涌现。为了推动其发展、解决融资难题，担保公司的角色开始发生变化。1999 年，原国家经贸委颁布《关于建立中小企业信用担保体系试点的指导意见》（国经贸中小企业〔1999〕540 号），制定了政策和监管制度。因为角色特殊，担保公司的主管部门从最早的央行、到财政部、经贸委，再到发改委、工信部等，先后在不同时间段牵头起草相关文件，主导推动该行业的发展。2009 年，国务院印发《关于进一步明确融资性担保业务监管职责的通知》（国办发〔2009〕7 号）落实了担保行业的主管部门。经过十多年的发展，2010 年，银监会、发改委和工信部等七部门联合发布了《融资性担保公司管理暂行办法》（联合令 2010

年第3号)。担保机构从此分为融资性担保公司和非融资性担保公司两大类。《融资性担保公司管理暂行办法》是我国第一部针对担保机构的部门规章,对融资性担保机构进行了全面的规制。其中,根据其规定,融资性担保公司需要在地方监管部门注册登记并取得行政许可,但因不同的公司性质和业务类型导致行业内的分化较大,再加上非融资性担保公司尚未纳入准入管理,导致行业乱象频发。

从2012年开始,担保行业处于剧烈的震荡和洗牌阶段。一方面,由于担保公司在模式上存在硬伤,难以实现商业可持续,除了少数国有的政策性担保公司,相当一部分民营担保公司都难逃被洗牌的命运,行业加速自我净化。另一方面,各地监管部门和行业协会先后出台相关整治规划,除了暂缓新增,还将对现有融资担保公司进行重新准入,一部分不合规、不达标的担保公司在几年间陆续通过移交、重组、变更、注销等方式退出担保行业。在完成"洗牌"和"净化"之后,监管再次出手,出台了一系列政策开始重塑行业。2017年10月1日,国务院发布《融资担保公司监督管理条例》(国务院令第683号,简称《条例》),相比之前的《融资性担保公司管理暂行办法》,作为行政法规的《条例》立法层级更高,更为权威。目前我国关于融资担保公司的监管制度主要在支持其发展和控制风险,目的是更好地支持融资担保公司担保行为为我国经济社会服务。

担保在经济社会发展中肩负起不可替代作用。由于担保经济业务涉及的业务领域较为广泛,风险集中度较高,与市场经济的融入越来越深,在稳定市场同时也存在着巨大的风险。党的十九大和中央经济工作会议强调"健全金融监管体系,守住不发生系统性金融风险的底线",党的十八届三中全会以来,党中央推行供给侧结构性改革,提出"三去一降一补","降"就是降成本,降低企业融资成本是企业降成本的关键一环。在我国市场经济快速发展过程中,如何使担保在更好发挥其价值创造作用的同时,降低担保风险,促进市场微观主体的健康发展,降低微观主体的融资成本,这是一个值得深入研究的课题。

2.2 我国担保市场监管制度变迁

目前,我国担保行为主体主要是上市公司和信用担保机构。上市公司担保经济业务监管制度来源于三个层面:国家的法律、国家部委的法规以及公司内部监管制度。

2.2.1 国家法律层面监管制度的变迁

目前我国担保法主要分为两大类:一类是担保机构组织法,另一类是担保行为法。担保机构组织法是规范信用担保经营主体的成立、组织机构、运作方式、经营范围、行业监督、法律责任的法律;目前,我国的担保公司都不是依特别法成立的,而是依照公司法成立的普通公司,《中华人民共和国公司法》是担保组织法的核心。在我国设立各类公司,除因经营担保业务的特殊性而需要主管部门批准外,政府相关部门的规范意见和管理办法,也起到了担保机构组织法的作用,这些法规和管理办法的设立都是因特定的目的而设定的。1994年7月1日正式实施的《中华人民共和国公司法》(以下简称旧公司法)对担保行为的规范主要体现在第60条第三款"董事、经理不得以公司资产为本公司的股东或者其他个人债务提供担保"和第214条第三款"董事、经理违反本法规定,以公司资产为本公司的股东或者其他个人债务提供担保的,责令取消担保,并依法承担赔偿责任,将违法提供担保取得的收入归公司所有,情节严重,由公司给予处分。"旧公司法未对公司担保能力作专门规定,公司对外担保行业基本不受限制,公司内部即便对公司担保有所限制,也不具有对抗善意第三人的效力。在旧公司法背景下,公司只要在担保合同上盖章就生效,法律对公司担保未作限制,公司内部通过公司章程限制不了,这就为公司对外滥用担保提供了机会。

2005年10月27日第十届全国人民代表大会常务委员会第十八次会议对1994年实施的公司法作了修订,并于2006年1月1日实施(以下简称新公司法),主要体现在新法的第16条规定:新公司法允许公司提供担保,对于公司能否为其股东提供担保的问题给出了肯定的回答;新公司法对公司担保的决策主体、担保对象、决策程序、担保限额等做出了明确的规定。本书对于新公司法有关公司担保制度法律条文归纳为"一条原则,两个选择,两类担保,两层决策。"新公司法第16条第一款"公司向其他企业投资或者为他人提供担保,按照公司章程的规定由董事会或者股东会、股东大会决议;公司章程对投资或者担保的总额及单项投资或者担保的数额有限额规定的,不得超过规定的限额。"表明公司可以通过制定公司章程,自行决定本公司为他人担保,揭示公司从事担保行为在我国原则上属于公司自治范畴,法律对此不作限制。该条款同时规定在公司为他人提供担保的决策机构上,只能在董事会、股东大会(股东会)两者之间进行选择。新公司法第16条规定的公司担保按担保受益人分为一般担保和特殊担保。新公司法16条第一款是对公司担保的一般规定,第二款"公司为公司股东或者实际控制人提供担保的,必须经股东会或者股东大会决议",该条款规定的担保人系公司股东或者实际控制人,较为特殊,所以称为特殊担保。新公司法第16条规定,公司为他人提供一般担保可以由公司董事会行使担保决策权,提供特殊担保则必须由公司股东亲自决策,这就形成了公司担保能力由经营和所有者两层决策的体制保障。

我国关于担保行为的立法分为三个阶段,第一阶段萌芽期,基本没有针对担保行为的立法，经济社会活动中担保行为较少，关于担保行为的规则只是最高人民法院发布的零散意见。第二阶段是立法期，1986年《中华人民共和国民法通则》是我国民事基本法，对保证、抵押、定金、留置四种担保形式作了规定，是我国担保领域的首次立法；最高人民法院《关于贯彻执行〈中华人民共和国民法通则〉若干问题意见》（法（办）发〔1988〕6号）发布了包含担保法律规范的司法意见，涉及担保条文12条。1993年《中华人民共和国合同法》修订颁布，其中对定金和保证作了规定，1994年最高人民法院发布了《关于审理经济合同纠纷案件有关保证的若干问题的规定》（法发〔1994〕8号），共31条，条文最多、分量最重。第三阶段是专门立法阶段，1995年《中华人民共和国担保法》颁布至今，经济活动中的担保行为非常活跃，担保纠纷增多，担保公司纷纷设立。1995年10月1日生效的担保法，分别对保证、抵押、质押、定金、留置等典型担保行为作了系统规定。2000年12月31日，最高人民法院发布了《关于适用〈中华人民共和国担保法〉若干问题的司法解释》（法释〔2000〕44号），旨在配合担保法贯彻实施。2007年3月16日，《中华人民共和国物权法》第四编担保物权规定了抵押权、质权和留置权，法律适用效力优于担保法。至此，我国已经建立起了以民法通则、合同法、物权法为基本法，以担保法为核心、以最高人民法院司法解释为重要补充的完整的担保法律体系。

2006年1月1日实施并沿用至今的《中华人民共和国公司法》是担保机构组织法的核心。中国担保相关法律体系确立了"保障债权"的立法宗旨，对市场信用建立有促进作用，但是也有很多不足之处，立法具有局限性和保守性，如担保法律责任界限模糊、担保制度设置复杂等。国家法律层面的监管制度如表2-1所示。

表 2-1　　　　　　国家法律层面监管制度一览表

实施时间	法律名称
1986 年	《中华人民共和国民法通则》
1993 年	《中华人民共和国合同法》
1994 年	《中华人民共和国公司法》
1994 年	《关于审理经济合同纠纷案件有关保证的若干问题的规定》
1995 年	《中华人民共和国担保法》
2001 年	《关于适用〈中华人民共和国担保法〉若干问题的司法解释》
2003 年	《中华人民共和国中小企业促进法》
2006 年	《中华人民共和国公司法》（修订）
2007 年	《中华人民共和国物权法》

2.2.2　国家部委法规层面监管制度的变迁

国家部委对上市公司对外担保监管制度的变迁分为三个阶段。

第一个阶段是 2000 年 6 月之前。该阶段对上市公司对外担保行为的监管处于"摸着石头过河"时期，国家部委没有明确颁布相关的法规条文，对上市公司担保行为的监管只有旧公司法第 60 条第三款。同时，上市公司的数量、资金规模和经营业务随着经济的发展在不断地扩张。对于公司担保行为监管无更多的实践经验，监管制度缺陷突出、公司滥用担保形势严峻。

第二阶段是 2000 年 6 月至 2003 年 8 月。中国证券监督管理委员会于 2000 年 6 月 6 日发布《关于上市公司为他人提供担保有关问题的通知》（证监公司字〔2000〕61 号），要求"上市公司不得以公司资产为本公司的股东、股东的控股子公司、股东的附属企业或者个人债务提供担保"。但是，由于当时我国公司法和担保法对公司担保能力没有限制，该通知没有得到很好的贯彻。上市公司之间连环担保和相互担保的问题接连出现，形成了形形色色的担保链和担保圈,一旦一家公司资金发生断裂,就可能会波及整个证券市场和金融体系。

第三阶段是 2003 年 8 月至 2005 年 12 月。为了进一步有效控制上市公司对外担保风险,保护投资者合法权益,2003 年 8 月 28 日,中国证券监督管理委员会与国务院国有资产监督管理委员会联合发布了《关于规范上市公司与关联方资金往来及上市公司对外担保若干问题的通知》(证监发〔2003〕56 号),对上市公司的担保行为作了进一步的严格规定,对担保的违规界定非常全面,但过于严格,导致这个时期的担保违规行为达到了顶峰。

第四阶段是 2006 年 1 月至 2018 年 12 月。2005 年 12 月,证监会和银监会联合下发《关于规范上市公司对外担保行为的通知》,旨在贯彻新修订的公司法,更好地控制上市公司对外担保的风险,进一步明确了上市公司对外担保的内部决策程序和信息披露义务,将上市公司是否正确履行内部决策程序及信息披露义务作为提供对外担保的有效前提,并明确了银行系统的审核责任,从源头上将违规担保拒之门外,遏制上市公司隐瞒担保信息、利用对外担保谋取个人利益的行为。国家部委法规层面上市公司担保行为监管制度如表 2 - 2 所示。

表 2 - 2　国家部委法规层面上市公司担保监管制度一览表

实施时间	监管法规名称
2000 年	《关于上市公司为他人提供担保有关问题的通知》
2003 年	《关于规范上市公司与关联方资金往来及上市公司对外担保若干问题的通知》
2006 年	《关于规范上市公司对外担保行为的通知》

2.2.3　企业内部控制监管制度的变迁

本章以 2011 年 1 月 1 日《企业内部控制应用指引第 12 号——

担保业务》正式实施为标志，将上市公司内部控制监管制度分成两个阶段。

第一阶段是 1997 年 1 月 1 日至 2010 年 12 月 31 日。第一阶段早期市场主体少、企业规模和数量有限，对担保的内部控制规定主要发生在金融机构尤其是银行业、证券公司等。1997 年 5 月 16 日，中国人民银行印发《加强金融机构内部控制的指导原则》（银发〔1997〕199 号，简称《原则》），旨在有效防范金融风险，保证金融业安全稳健运行。《原则》指出，内部控制是金融机构的一种自律行为，内部控制是金融监管工作的重要组成部分，是规范金融机构经营行为、有效防范风险的关键，对金融机构的目标、原则、要素、内容、要求、管理和监督等作了规定。根据该指导原则，各金融机构制定了内部控制制度。比如，中国工商银行根据该指导原则制定了《中国工商银行内部控制暂行规定》（工银发〔1998〕226 号），其中要求对工商银行对外担保业务进行严格管理，建立严格的担保业务管理规定及相关的内控制度，加强对融资担保、融资租赁担保、补偿贸易项下的担保、境外工程承包中的担保、其他具有对外债务性质的担保等业务的管理。2001 年，中国证监会发布《证券公司内部控制指引》（证监发〔2001〕15 号），强调资金的集中统一管理，不得自行从事资金的拆借、借贷、抵押、担保等融资活动，同时在会计系统控制中指出加强对担保、抵押等的风险管理。2002 年 9 月 18 日，中国人民银行发布《商业银行内部控制指引》（中国人民银行公告〔2002〕第 19 号），规定商业银行在授信的内部控制之授信额度和授信品种的管理办法中对担保的相关要求做出了指引。

为了加强上市公司对担保业务的内部控制，规范担保行为，防范担保风险，财政部于 2004 年 8 月 19 日发布了《内部会计控制规范——担保（试行）》（财会〔2004〕6 号），对公司担保业务的岗位分工和授权批准、担保评估与审批控制、担保执行控制、监督检查等进行了详细的规范。2006 年 6 月 6 日,上海证券交易所发布的《上市公司内部控制指引》明确规定,上市公司应该制定担保管理的内部控制制度、制定控股子公司为他人提供担保的内部报告制度。同时规定,为他人提供担保的监督检查包括在制定的年度内部控制检查监督计划中。深圳证券交易所于 2007 年 7 月 1 日实施的《上市公司内部控制指引》(以下简称《指引》),也要求公司制定担保管理的内部控制制度。《指引》同时要求制定对子公司对外担保的相应控制政策和控制程序并要求提供相应的担保报表,在《指引》的第三节,对公司对外担保的审批权限、被担保人的信誉和经营状况的调查、反担保、担保合同、被担保人的近期状况等内部控制作出较为详细的规定。2009 年 7 月 1 日,为了加强和规范企业内部控制,提高企业经营管理水平和风险防范能力,促进企业可持续发展,维护社会主义市场经济秩序和社会公众利益,根据国家有关法律法规,财政部会同证监会、审计署、银监会、保监会制定了《企业内部控制基本规范》(财会〔2008〕7 号)。

第二阶段是 2011 年 1 月 1 日至今。2010 年 4 月 26 日,财政部等部委联合发布了《企业内部控制配套指引》(财会〔2010〕11 号),其中包括《企业内部控制应用指引第 12 号——担保业务》,对加强企业担保业务管理,防范担保业务风险提出了一系列有针对性的管控措施;规定了企业担保的一般业务流程,企业办理担保业务一般包括受理申请、调查和评估、审批、签订担保合同、进行日常监控等流程;规定了担保业务关键控制点和主要控制措施,包括受理申请、调查和评估、审批、签订担保合同、日常监控、会计控制、代为清偿和权利追索,这是目前对于企业内部担保业务控制相对比较健全和覆盖范围最广泛的指引。

企业内部控制监管制度如表 2-3 所示。

表 2-3　　　　　　企业内部控制监管制度一览表

实施时间	监管规范和指引名称
1997 年	《加强金融机构内部控制的指导原则》
2001 年	《证券公司内部控制指引》
2002 年	《商业银行内部控制指引》
2004 年	《内部会计控制规范——担保（试行）》
2007 年	《上市公司内部控制指引》
2009 年	《企业内部控制基本规范》
2010 年	《企业内部控制应用指引第 12 号——担保业务》

2.3　不同监管阶段上市公司担保违规行为特征

监管制度的建立健全促进了我国担保行业的健康发展，使之能够更好地为我国经济社会服务。我国的担保主体分为上市公司和融资担保机构。本章结合上市公司担保违规行为及被处罚情况论述各个时期担保监管制度下担保违规行为的特征。

2.3.1　上市公司对外担保违规行为特征分析

中国上市公司对外担保违规是一个很复杂的问题，涉及违规主体上市公司、银行和被担保公司，而且还牵涉上市公司大股东、管理者和监管层，从不同渠道获取的上市公司被监管机构处罚违规担保数据存在差异，经过反复查询和比较，本章以锐思数据库为基础，用巨潮网补充锐思数据库遗漏的数据，共收集到 2001 年至 2018 年担保业务 105021 笔，其中担保违规被处罚 286 次。如表 2-4 和图 2-1 所示。

表 2-4　　　　　　2001 年至 2018 年各年违规情况

年份	担保违规	对外担保笔数	比例
2001	7	687	0.0102
2002	17	1097	0.0155
2003	13	1151	0.0113
2004	32	1795	0.0178
2005	40	1498	0.0267
2006	21	2582	0.0081
2007	12	2834	0.0042
2008	7	3116	0.0022
2009	16	3265	0.0049
2010	7	3282	0.0021
2011	12	4049	0.0030
2012	17	6135	0.0028
2013	13	7698	0.0017
2014	16	9242	0.0017
2015	15	10499	0.0014
2016	10	11423	0.0009
2017	13	14687	0.0009
2018	18	19981	0.0009

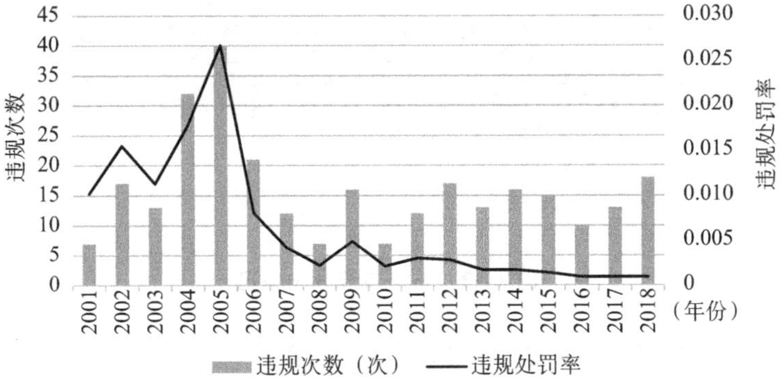

图 2-1　2001—2018 年各年担保违规情况

(1) 上市公司因为信息披露不符合相关规定被监管机构处罚所占比例最大

上市公司违规类型共有 21 种：信息披露违规、信息披露虚假、发行上市信息披露虚假、定期报告信息披露虚假、临时公告信息披露虚假、信息披露遗漏、发行上市信息披露遗漏、定期报告信息披露遗漏、临时公告信息披露遗漏、信息披露延误、发行上市信息披露延误、定期报告信息披露延误、临时公告信息披露延误、公司运营违法违规、违规发行、违规担保、违规投资证券、其他、领导人违规持股、领导人涉嫌犯罪、领导人失踪。根据 2001 年至 2018 年的数据统计，共有 172 家上市公司因担保违规被监管机构处罚共 286 次，如图 2-2 所示，其中信息披露有关违规被处罚 233 次，占总数的 82%。

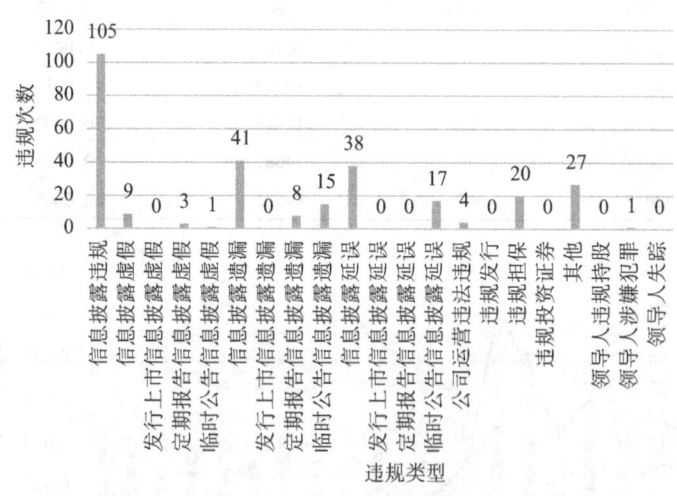

图 2-2 担保违规分布情况

(2) 处理方式以谴责、限期整顿、警告为主

数据统计表明，上市公司因为违规被处理的类型中，谴责（97 次）、限期整顿（63 次）和警告（46 次）是主要的处理方式，

如图2-3所示。

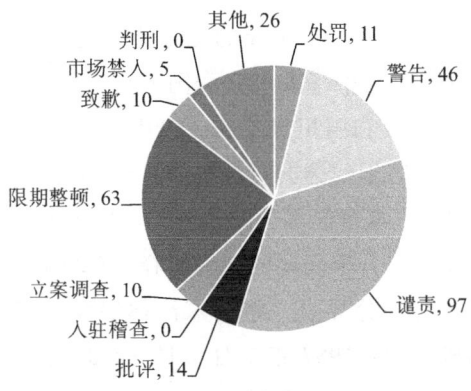

图2-3 担保违规处理类型

（3）处罚机构是证监会及其分局和上海与深圳证券交易所

上市公司的处罚机构主要有证监会及证监会的地方分局、上交所、深交所、公安机关以及法院等。2001—2018年18年间，证监会以及证监会的地方分局处罚146次，是处罚机构中处罚次数最多的，其次是上海证券交易所和深圳证券交易所，处罚上市公司的数量为70次，被公安机关处罚的有3次（见图2-4），证监会和两大交易所是监管执法最主要的主体。

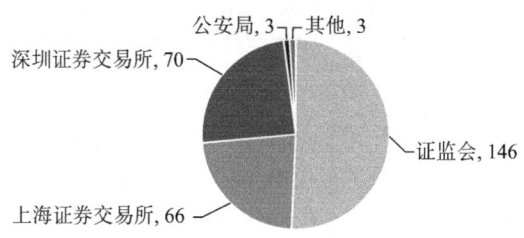

图2-4 监管机构分布情况

2.3.2 国家法律监管各阶段对上市公司担保行为的影响分析

在国家法律层面，关于担保的法律主要有《中华人民共和国民法通则》（1986）、《中华人民共和国公司法》（1994，后称旧公司法）、《中华人民共和国担保法》（1995）、《关于适用〈中华人民共和国担保法〉若干问题的司法解释》（2001）、《中华人民共和国公司法》（2006，本章简称公司法）。本书以《关于适用〈中华人民共和国担保法〉若干问题的司法解释》（2001）、《中华人民共和国公司法》修订为分界点，将国家法律层面对担保行为的影响统计分析时间段分为：1987年1月1日—2000年12月31日为第一阶段；2001年1月1日—2005年12月31日为第二阶段；2006年1月1日—2018年12月31日为第三阶段。2000年12月31日发布的《关于适用〈中华人民共和国担保法〉若干问题的司法解释》是为了更好地贯彻担保法，结合审判实践经验，作出的最详细的规定。2006年1月1日实施的公司法对担保的规定发生了实质性的改变，但公司法对担保的叙述一直没有改变。国家法律制度层面各阶段主要违规类型统计见表2-5①。

表2-5 国家法律制度层面各阶段主要违规类型及占比

阶段	违规类型排名 第一占比	违规类型排名 第二占比	违规类型排名 第三占比
1987年1月1日—2000年12月31日	—	—	—
2001年1月1日—2005年12月31日	信息披露违规 34.9%	信息披露遗漏 18.3%	信息披露延误 18.3%
2006年1月1日—2018年12月31日	信息披露违规 37.3%	信息披露遗漏 11.8%	信息披露延误 9.60%

---

① 锐思数据库以及巨潮资讯网的担保数据记录始于1999年。

第一阶段：虽然国家陆续发布了相关法律，但这期间我国社会主义市场经济体制刚刚确立，特别是 1992 年之前，各种配套设施不够完备，市场主体数量更是屈指可数，上市公司数量处于从无到有的发展过程，这期间关于公司间的担保数量少、金额少。该阶段几乎没有数据统计显示上市公司被监管机构处罚。

第二阶段：随着市场经济体制逐步完善，市场微观主体数量越来越多，上市公司之间的担保业务往来频率和金额越来越大，对市场经济体制稳定的危害越来越明显。经过 6 年的实践，最高法颁布了关于担保法的司法解释，国家监管虽然取得了长足进步，但是与市场担保业务发展没有很好地匹配起来，没有建立起有效的机制对市场实施更好的监管。通过数据分析，自担保法司法解释颁布后第二阶段的 5 年间，因为担保违规被处罚的计 110 次。其中处以公司罚款 17 次，罚款金额合计 7535484 元，处以个人罚款 24 次，合计 8720000 元。信息披露违规是上市公司被处罚的主要原因，被处罚比例占 94%（如图 2-5 所示）。信息披露违规、遗漏、延误是被处罚的主要原因。110 笔担保违规业务中，受到谴责处罚的 69 次（如图 2-6 所示），警告处罚 15 次。其中实施处罚的单位分布情况如图 2-7 所示，深圳证券交易所执行处罚 38 次，上海证券交易所执行处罚 36 次，证监会及其分局执行处罚 34 次，该阶段监管机构实施处罚的频率几乎均等。

第三阶段：2005 年新修订的《公司法》颁布后，国家在法律层面对上市公司对外担保的监管制度已经成熟。我国对于上市公司对外担保的监管总结为"一条原则，两个选择，两类担保，两层决策"。一条原则是公司对外担保属于自治的范畴，由公司制定章程自行决定对外担保的决策条件；两个选择是指公司只能选择董事会或者股东大会作为公司对外担保的决策机构，超出该选择范围将归于无效；两层决策为股东大会决策和董事会决策；两类担保是指公司对外担保存在公司法第 16 条第一款和第二款规定的一般担保

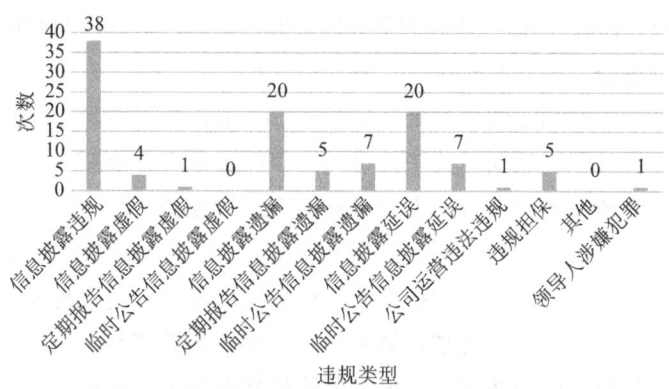

图2-5 国家法律层面第二阶段担保违规分布情况

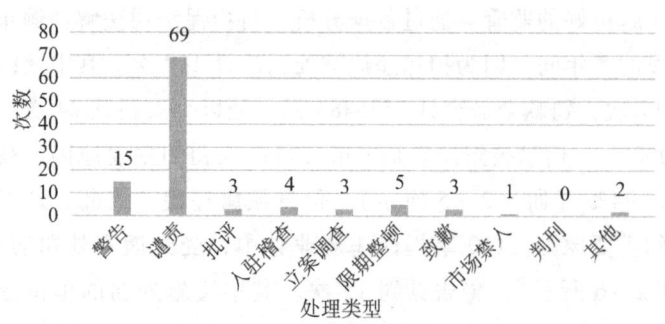

图2-6 国家法律层面第二阶段担保违规处理类型

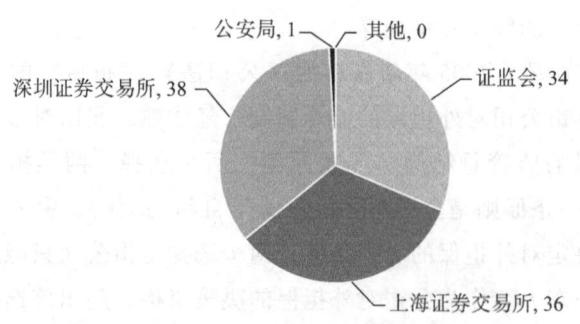

图2-7 国家法律层面第二阶段监管机构分布情况

及特殊担保两种担保。在第三阶段上市公司因对外担保业务违规被监管部门处罚共计 177 次；其中被处以公司罚款 36 次，共计 14000000 元；被处以个人罚款 41 次，共计 19020000 元。信息披露不规范是上市公司违规的主要原因（如图 2-8 所示）。处罚形式以限期整顿居多，共 58 次，占比 33%（如图 2-9 所示），警告 31 次，占比 17.5%，谴责 26 次，占比 14.7%。证监会及其分局是实施处罚最主要的监管机构（如图 2-10 所示），证监会及其分局共实施处罚 112 次，上海证券交易所实施处罚 29 次，深圳证券交易所实施处罚 31 次，公安局及其他监管机构实施处罚共 5 次（如图 2-10 所示）。

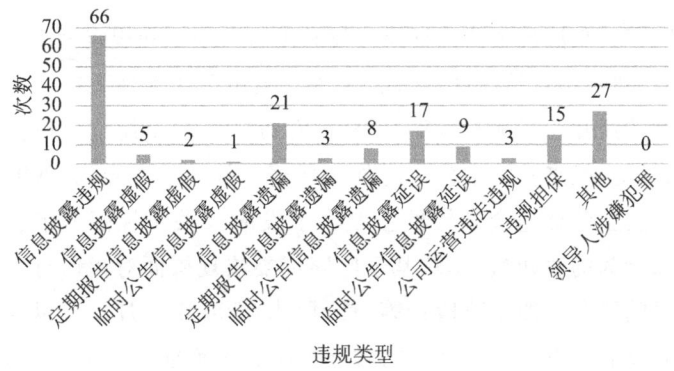

图 2-8 国家法律层面第三阶段担保违规分布情况

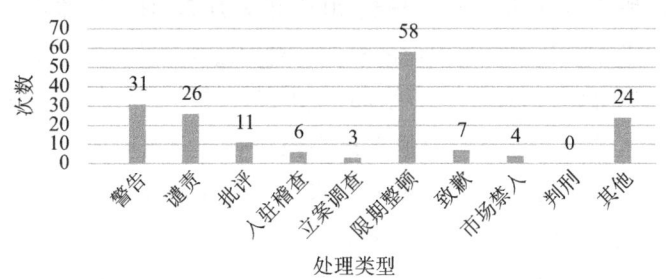

图 2-9 国家法律层面第三阶段担保违规处理类型

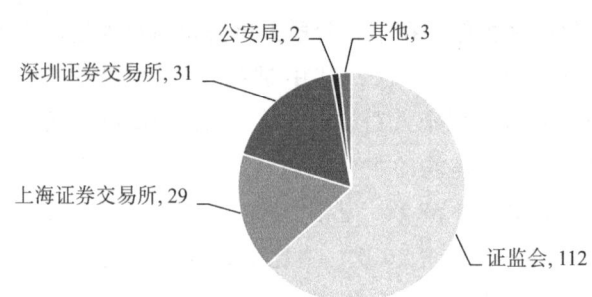

图 2-10　国家法律层面第三阶段监管机构分布情况

2.3.3　国家部委法规监管各阶段上市公司担保违规行为特征分析

国家部委法规主要以证监会发布的有关通知和规定为主，代表性的有 2000 年 6 月 6 日发布的《关于上市公司为他人提供担保有关问题的通知》，2003 年 8 月 28 日发布的《关于规范上市公司与关联方资金往来及上市公司对外担保若干问题的通知》，2006 年 1 月 1 日实施的证监会和银监会联合下发的《关于规范上市公司对外担保行为的通知》。本章基于国家部委法规层面对担保行为的影响将时间段分为四个阶段：第一阶段为 2000 年 6 月 6 日以前，国家部委没有下发关于上市公司对外担保的任何通知，对于上市公司而言，对外担保的法律依据只有国家颁布的旧公司法和担保法等。第二阶段为 2000 年 6 月 6 日到 2003 年 8 月 28 日，证监会首次发布了关于上市公司对外担保的规定，对旧公司法作了一些具体的规定。第三阶段为 2003 年 8 月 28 日到 2005 年 12 月 31 日，中国证监会在《关于上市公司为他人提供担保有关问题的通知》基础上发布了《关于规范上市公司与关联方资金往来及上市公司对外担保若干问题的通知》，进一步规范了上市公司的对外担保能力和控制力风险。第四阶段为 2006 年 1 月 1 日到 2018 年 12 月 31 日，证监会实施了《关于规范上市公司对外担保行为的通知》，这是最后一次下发关于上市公司对外担保的通知，该通知配合了新修订的公司法，其实质精神与新修订的公司法一致。国家部委法规层面各阶段主要违规类型统计如表2-6所示。

表2-6　国家部委法规层面各阶段主要违规类型及占比

阶段	违规类型排名第一占比	违规类型排名第二占比	违规类型排名第三占比
2000年6月6日以前			
2000年6月6日—2003年8月28日	信息披露延误 31.3%	信息披露违规 28.1%	信息披露遗漏 25%
2003年8月28日—2005年12月31日	信息披露违规 37.2%	信息披露遗漏 15.4%	信息披露延误 14.1%
2006年1月1日—2018年12月31日	信息披露违规 37.3%	信息披露延误 11.9%	信息披露遗漏 9.6%

第一阶段：这一时期国家部委没有下发任何关于上市公司对外担保的通知，上市公司对外担保法律依据，只有国家颁布的旧公司法和担保法等，几乎没有上市公司被监管机构处罚。

第二阶段：上市公司因对外担保违规行为受到处罚共32次，其中被处以公司罚款5次，共记2100000元；被处以个人罚款7次，共计1990000元。根据上市公司对外担保被处罚数据统计具有以下特点：一是被处罚的违规类型全部来源于信息披露方面，其中信息披露违规（9次）、信息披露遗漏（8次）、信息披露延误（10次）以及临时公告信息披露延误（5次）。二是上市公司对外担保被监管部门处罚的最主要形式是谴责，占比为68.8%，其次为警告，占比15.6%。三是进行处罚的监管机构为证监会及证监会的分局（9次）、上海证券交易所（10次）、深圳证券交易所（13次），各监管机构处罚次数相当。

第三阶段：上市公司对外担保被监管部门处罚共计78次。其中处以公司罚款12次,共计5435484元;处以个人罚款17次,共计6730000元。主要担保违规行为是信息披露违规,占比91%,包括信息披露违规、信息披露遗漏和信息披露延误(如图2-11所示)。处罚方式以谴责为主,占比61%(如图2-12所示),警告占比13%。进行处罚的监管机构主要是证监会及其分局(25次)、上海证券交易所(26次)、深圳证券交易所(25次),各监管机构处罚次数相当(如图2-13所示)。

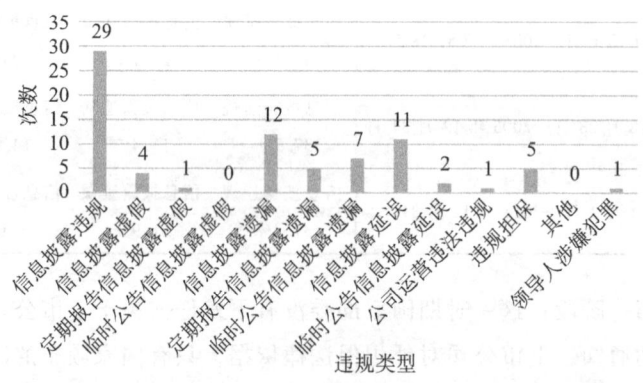

图2-11 国家部委法规层面第三阶段担保违规分布情况

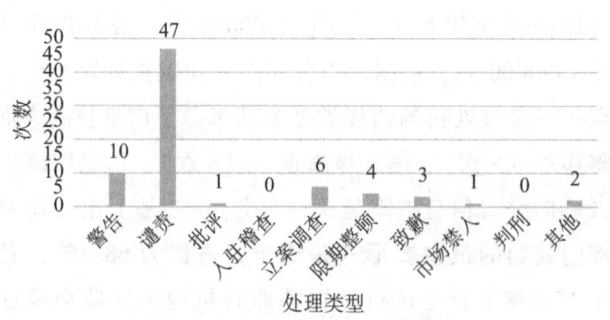

图2-12 国家部委法规层面第三阶段担保违规处理类型

第 2 章 我国担保市场监管制度的演进

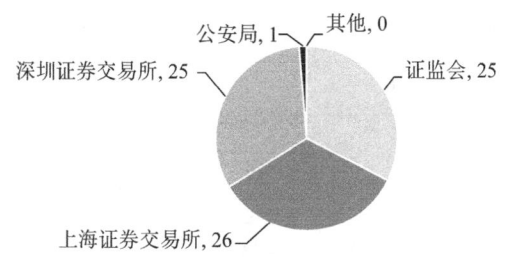

图 2-13 国家部委法规层面第三阶段监管机构分布情况

第四阶段：上市公司对外担保被监管部门处罚共 177 次；其中处以公司罚款 36 次；处以个人罚款 41 次。信息披露不规范占比最多（见图 2-14）。处罚形式主要为限期整顿，占比 33%（见图 2-15），警告占比 17.5%，谴责占比 14.7%。证监会及其分局处罚 112 次（见图 2-16），上海证券交易所处罚 29 次，深圳证券交易所处罚 31 次，公安局及其他处罚共 5 次。

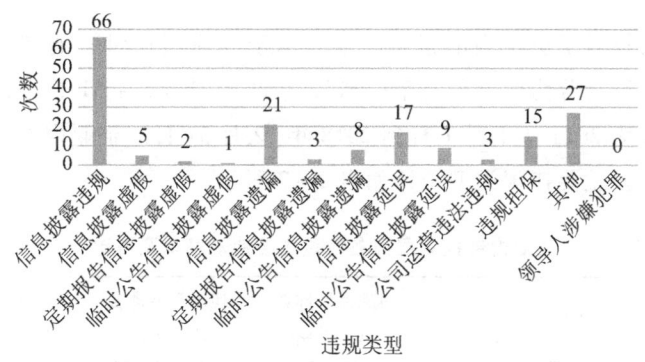

图 2-14 国家部委法规层面第四阶段担保违规分布情况

2.3.4 企业内部控制层面监管制度对担保行为的影响分析

2010 年 4 月 25 日，财政部会同证监会、审计署、银监会、保监会联合颁布了《企业内部控制应用指引第 12 号——担保业务》（以下简称《应用指引》），为中国企业提升担保管理水平和风险防

65

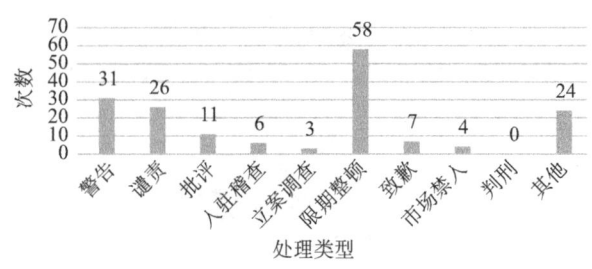

图 2-15 国家部委法规层面第四阶段担保违规处理类型

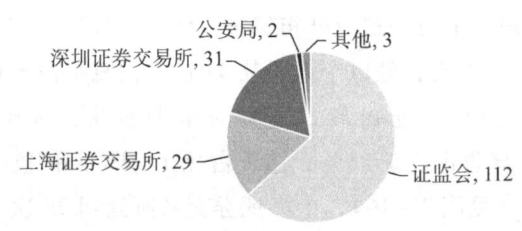

图 2-16 国家部委法规层面第四阶段监管机构分布情况

范能力提供了更清晰的指导。本章基于《应用指引》的实施区间将担保行为分为两阶段：第一阶段为 2010 年 12 月 31 日以前；第二阶段为 2011 年 1 月 1 日到 2018 年 12 月 31 日。企业内部控制层面各阶段主要违规类型统计如表 2-7 所示。

表 2-7 企业内部控制层面各阶段主要违规类型及占比

阶段	违规类型排名第一占比	违规类型排名第二占比	违规类型排名第三占比
2010 年 12 月 31 日以前	信息披露违规 38.5%	信息披露延误 15.5%	信息披露遗漏 14.4%
2011 年 1 月 1 日—2018 年 12 月 31 日	信息披露违规 33.3%	信息披露遗漏 14.1%	信息披露延误 8.8%

第一阶段：虽然监管部门关于上市公司对外担保的监管制度已颁布，但是所有制度都属于国家法律层面和证监会层面，上市公司

在担保业务方面没有统一的内部控制制度作为指导。通过对2000—2010年数据进行统计可知，上市公司因担保违规被处罚174次，其中公司被处以罚款37次，罚款金额共计15235484元，被处以个人罚款50次，罚款金额共计19020000元。其中信息披露违规占比高达92.5%（见图2-17），主要以信息披露违规、信息披露遗漏和信息披露延误为主。违规担保被监管部门处罚的主要形式为谴责，占比54%（见图2-18），警告次之，占比18.4%。证监会是实施处罚的主要监管机构（见图2-19），共实施处罚64次。

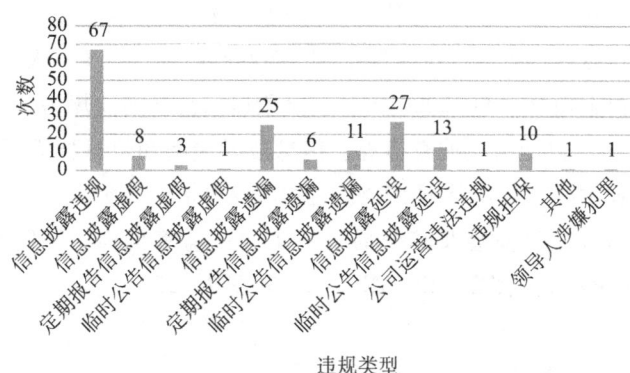

图2-17 企业内部控制层面第一阶段担保违规分布情况

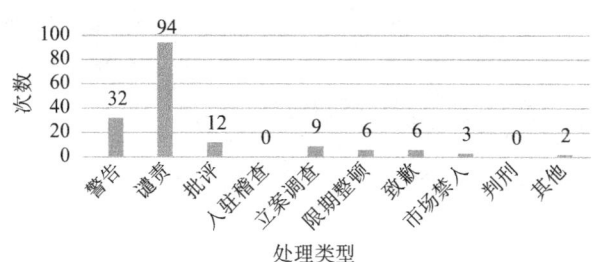

图2-18 企业内部控制层面第一阶段担保违规处理类型

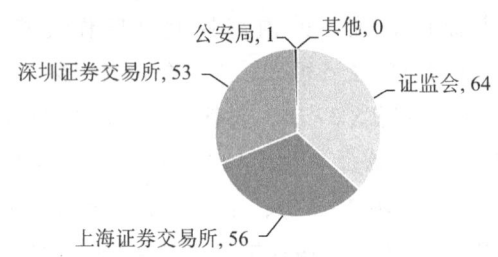

图2-19 企业内部控制层面第一阶段监管机构分布情况

第二阶段：随着《企业内部控制应用指引第12号——担保业务》的实施，上市公司对外担保违规共被处罚114次，其中被处以公司罚款15次，处罚金额合计6300000元，处以个人罚款15次，处罚金额合计9020000元。该阶段以信息披露违规为主，占比为65.8%，包括信息披露违规、信息披露遗漏和信息披露延误等。处罚形式主要为限期整顿57次，占比47.9%，其次为警告14次，占比11.8%。证监会及其分局是最主要的监管机构，处罚82次，占比56.9%（见图2-20、图2-21和图2-22）。

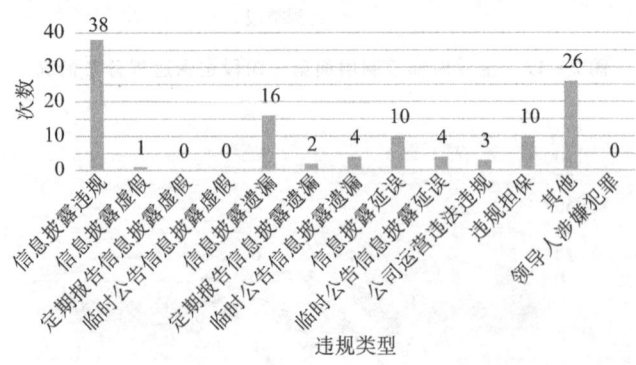

图2-20 企业内部控制层面第二阶段担保违规分布情况

第 2 章 我国担保市场监管制度的演进

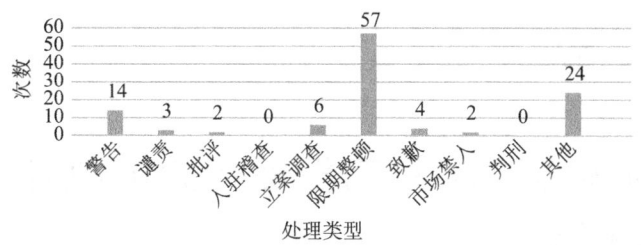

图 2-21 企业内部控制层面第二阶段担保违规处理类型

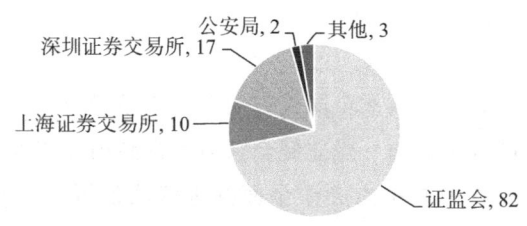

图 2-22 企业内部控制层面第二阶段监管机构分布情况

本章小结

本章首先对我国担保相关法律、法规以及行为规范指引进行了系统性梳理，并根据监管法律法规的层级，以监管制度颁布实施为分界点，分层级、分阶段分析了不同监管阶段上市公司的担保违规行为，发现我国早期监管因为没有经验，监管制度出台对上市公司的对外违规担保行为没有有效遏制，担保问题不断累积、风险不断加剧。随着监管制度不断完善，上市公司对外担保违规行为得到了有效遏制，监管效力日益显著。同时通过统计，发现我国上市公司的违规类型一直以信息披露不规范为主，被处罚的占比50%以上。证监会在我国对上市公司监管中的重要性不断提高，由最初上海证券交易所、深圳证券交易所、证监会"三主体平衡监管"逐渐演变为证监会及其分局的主要监管。

69

第3章
法制环境改革影响担保行为的机理和效应研究

中国共产党第十八次全国代表大会（以下简称"十八大"）提出要全面推进依法治国、建立健全权力运行制约和监督体系等。中央先后出台了《中共中央关于全面推进依法治国若干重大问题的决定》《党政主要领导干部和国有企业领导人员经济责任审计规定实施细则》等法律法规以及行政命令。十八大后深化法制改革，为研究法制环境改革与市场经济的相关理论研究，以及揭示法制环境改革对我国社会主义市场经济下经济主体的影响效应，提供了丰富的实践经验与研究素材。

在市场经济下，公司担保具有价值创造或利益输送的双重特性，它可以弥补资本市场发展不足，促进公司资金融通（向华和杨招军，2017；徐菱芳和陈国宏，2012；汪辉等，2016）；同时公司能够借助担保对中小股东以及债权人进行"掏空"或利益侵占，不仅损害投资者的权益，还会造成担保市场风险累积以及非效率性转移等恶性问题（冷奥琳、张俊瑞和邢光远，2015；冷奥琳、张俊瑞和邢光远，2016）。截至2016年底，在我国资本市场中，人民币贷款占到社会融资的90%，其中涉及担保契约的贷款占到总贷款金额的50%以上。担保人是债务契约的最终偿付者，担保人风险决定了债务市场的风险大小（Cook和Spellman，1996）。信息不对称和担保逆向选择等担保市场非效率行为导致2008年担保证券化产品的集

第 3 章　法制环境改革影响担保行为的机理和效应研究

中违约（主要是抵押支持债券 MBS 的集中违约）并进而发展为全球性金融危机。已有研究关于担保的动机、价值以及交易撮合机理的成果较为丰富（冷奥琳、张俊瑞和邢光远，2015；冯根福、马亚军和姚树洁，2005；冷奥琳、张俊瑞和邢光远，2016；Merton，1977），但是尚未涉及法制环境因素如何提高担保市场效率、抑制其利益侵占等问题。本章依据 La Porta、Lepez – de Silanes、Shleifer 和 Vishny（1998）（以下简称"LLSV"）法制环境内容划分，从法制改革和法治建设方面论述法制环境改革对担保动机、行为，担保经济后果的影响，理论分析法制环境改革对提供担保经济后果影响的机理。以十八大为时间窗口，利用事件研究法，实证检验十八大前后提供担保事件后公司价值的变化，揭示法制环境改革对公司担保经济后果的影响效应，为我国促进价值担保并防范风险提供决策依据。

3.1　法制环境改革影响担保行为的机理分析

LLSV（1998）在其研究中比较了全球法制环境对金融市场的影响，将法制环境的内涵刻画为法、法制以及法治等层面。在《中共中央关于全面深化改革若干重大问题的决定》（以下简称《决定》）中，法制包括法的体制、机制、方法等以及法律的立、改、废（张文显，2014）。从《决定》可知，法律可以被归入法制概念内涵，属于法制的组成部分。据此，本章将法制环境界定为法制（包含法律）以及法治两个层面[①]，并从这两个方面论述法制环境改革对提供担保经济后果的影响机理。

[①] LLSV（1998）根据 Reynolds 和 Flores（1989）的法律渊源来界定法律制度体系，未深入讨论具体的法律体制、机制、方法在法制环境中的界定、变革和作用。本章主要基于 LLSV（1998）的研究体系进行理论构建，故在理论与实证分析中未包含该部分内容。

3.1.1 法制建设能够通过明晰公司内部各部门权益边界、归属与划分，降低担保业务过程中的委托代理问题从而增加公司价值

（1）公司提供担保过程中可能发生的委托代理问题包括：①经理人与所有人的委托代理问题，经理人为自身有利的经济体进行担保而非以公司股东价值最大化为目标的担保行为；②大股东与小股东之间的委托代理问题，大股东利用担保为自身或者关联方进行担保，进行利益输送行为；③股东和债权人之间的委托代理问题，股东大量承担或有负债，增加自身风险，降低其已有债务的价值（Jensen 和 Meckling，1976）；④担保人与被担保人的债权人（担保人的或有债权人）的委托代理问题，如果签订担保契约后，担保人恶意违约或者降低自身偿付概率，对于被担保人的债权人而言该担保就失去了它原有的价值。

（2）提供担保的行为都会损害股东价值。经理人与所有人的委托代理问题以及大股东与小股东之间的委托代理问题下提供担保的行为都会损害股东价值。Berkman、Cole 和 Fu（2009）发现提供担保的公司往往资产负债率更高、成长性更低。冷奥琳、张俊瑞和邢光远（2016）指出造成提供担保不同经济后果的主要原因在于其背后的担保动机，担保人以实现价值为目的的担保会增加公司自身价值，相反，担保人以侵占小股东、转移价值为目的的担保则会导致经济利益的转移，降低公司价值。

（3）法律的完善能够增加产权价值。法律的完善能够明晰不同产权中的权利义务、降低委托代理问题带来的交易成本，增加产权价值。党的十八大之后，我国政府先后颁布了《中共中央关于全面推进依法治国若干重大问题的决定》《党政主要领导干部和国有企业领导人员经济责任审计规定实施细则》等多项法律、法规以及行政命令。这些法律法规的颁布，有助于进一步明晰我国公司中各部门的产权划分，特别是明确了国有产权的权利义务划分以及

国有企业主要责任人的权利和责任。例如,《国务院办公厅关于进一步加强资本市场中小投资者合法权益保护工作的意见》(国办发〔2013〕110号,以下简称《意见》),要求健全投资者适当性制度,保障中小投资者知情权,建立多元化纠纷解决机制,健全中小投资者赔偿机制,加大监管和打击力度,把维护中小投资者合法权益贯穿监管工作始终。这些法律法规和行政命令的出台,使维护投资者权益有法可依、有章可循;明晰了公司的产权责任、义务划分,使担保带来的委托代理问题能够被投资者及时发现,并且在损害发生时,能够及时依法申请赔偿,增加了公司经理人或者大股东进行利益侵占的难度和成本,从而降低了利用担保进行的利益侵占行为。LLSV(1998)利用全球49个国家的样本研究发现,法制环境(包括法律的完善程度和执法力度)中法律对投资者保护程度会影响公司价值,在投资者保护越好的国家,公司价值越高。Alimov 和 Officer(2017)发现知识产权法的颁布,刺激了公司由于追求知识产权的并购行为,提高了知识产权的价值。Favara 等(2017)发现,债务契约法律执行力的增强会降低债权人和债务人之间的冲突,从而增加债务价值。减少了 North(1990)指出的产权不明晰所带来的公司经理人对公司所有者的利益侵占问题,进而增加担保为公司带来价值。

3.1.2 法治的改善能够使权力在监督之下运行,导致公司股东和经理人的行为受到监管与舆论的约束,降低公司股东和经理人利用担保进行的利益侵占行为,增加公司担保价值

(1)在执法力度方面,中央加大了检察机关对中央企业的常规巡视和专项巡视,着重发现违纪违法问题,严肃查处发生在中央企业的腐败案件等,增强了我国执法的力度;中央要求建立健全权力运行制约、监督体系,加强党内监督、民主监督、法律监督、舆论监督,强调"不管涉及什么人,不论权力大小、职位高低,只

要触犯党纪国法，都要严惩不贷"。这反映了我党推进法制改革的坚定决心，提高了我国的法治水平。LLSV（1998）指出法治环境建设能够增加公司价值动机并抑制公司利益动机，降低市场交易成本，提升市场配置资源的效率和公司价值，法治建设越好的国家，市场资源配置的效率越高，公司价值越高。钟覃琳、陆正飞和袁淳（2016）研究发现法制环境改革在我国能够减少腐败、增加资产周转率、缩短经营周期以及优化投资效率，最终提高企业业绩，增加企业价值。王茂斌和孔东民（2016）研究发现，十八大召开后，那些高腐败地区公司持有现金的市场价值显著提高，同时高腐败地区的上市公司会计信息质量得到显著提高，说明十八大的反腐败有助于改善公司治理、强化高管激励机制和提高会计质量，最终增进股东价值。这些研究都说明增强执法确实能够使公司大股东以及经理人利用担保进行利益侵占的行为受到执法部门的惩罚，增加了经理人以及大股东利益侵占的成本。就担保业务而言，增强执法力度能降低担保人的利益侵占动机，增加担保人价值动机，最终增加提供担保公司的价值。

（2）在权力制约方面，建立健全权力运行制约，包括依法授权、依法限权、依法治权。明确了行政部门的权力边界，减少了多头执法、重复执法等问题，弥补了监管以及制约的空白。降低了公司对于监管成本的负担，降低了经济体运行中的交易成本，改变了以往行政部门利用自身职权迫使公司从事违背其自身价值的经济业务的现状（North，1990），使公司不必应政府部门的要求，向经营不力的企业或者单位部门提供担保，从而优化了资源配置效率，降低了公司在提供担保过程中面临的交易成本以及公司价值借由向第三方转移的风险，最终增加提供担保的价值。

（3）在监管披露方面，建立监督体系能够通过降低信息不对称来有效抑制市场中非效率的经济行为，提高市场资源配置效率，增加企业价值（Stiglitz，2002）。例如，金莲花、王珊珊和弭力元（2016）发现十八大后揭露的腐败事件曝光对市场带来了冲击，市

第3章 法制环境改革影响担保行为的机理和效应研究

场对于反腐寄予厚望。同时涉案企业在社会各界和舆论的瞩目下选择了更为谨慎的会计处理，表明反腐对于涉案企业起到了震慑作用（金莲花和王珊珊，2017），使其提高了会计信息的质量。陈克兢（2017）研究发现，法治水平高的地区，公司盈余管理水平更低，说明公司信息质量更高。增强信息披露能够使高管和控股股东利用经济业务以权谋私的行为得以曝光并被投资者所知晓。这样，高管以及控股股东为了避免受到市场以及行政的双重处罚，会减少以利益侵占为目的的提供担保行为，最终增强提供担保的价值效应。也就是说，法制环境改革中增强监管与信息披露要求能起到抑制公司出于利益侵占动机提供担保，增强公司价值动机担保从而增强公司提供担保的价值效应。同时，增强信息披露要求也能够降低市场中的信息不对称性，进而降低交易成本，带来担保经济后果的提升。

综上，我国从法制改革与法治建设（包括增强执法力度、建立健全权力运行制约以及增强披露的相关要求）方面都会加大公司提供担保的价值动机、降低担保定价中的交易成本最终改善提供担保的经济后果，增加提供担保为公司带来的价值。法制环境改革对公司担保经济后果的影响机理如图3-1所示。

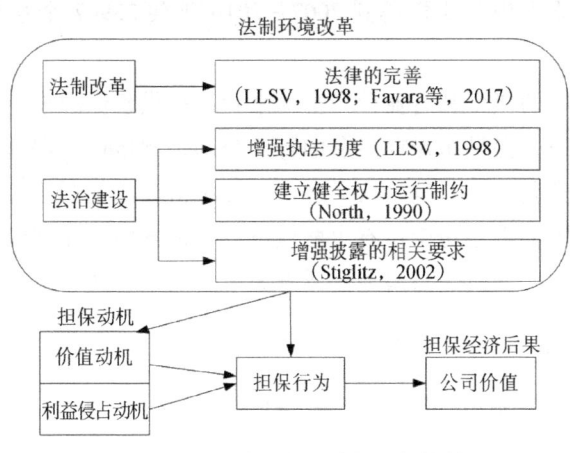

图3-1 法制环境改革影响担保行为的机理

3.2 法制环境改革影响担保行为机理效应研究设计

3.2.1 样本选择与数据来源

我国证监会、银监会联合颁布的《关于规范上市公司对外担保行为的通知》（以下简称《120号通知》）要求公司提供担保必须通过董事会决议，且需要将担保事项的相关信息及时披露。为研究公司担保事件提供了信息，解决了一直以来担保事件不为广大投资者所知的信息不对称问题，该通知于2007年开始正式实施。为了确保数据统计口径的一致性，本章采用2007年以后担保首次公告数据作为担保事件研究的客体，样本区间为2007—2016年（见表3-1）。根据《企业会计准则第13号——或有事项》以及《120号通知》的要求，选择提供担保主体为本公司和子公司的担保事件。同时，由于《120号通知》对于担保计量和披露要求主要针对非金融类公司，而未对金融类公司提供相应要求，所以金融类公司的样本并未考虑。这样得到2007—2016年共23907个担保事件的数据[①]。

从样本的年度和行业分布情况来看，提供担保的事件数量逐年上升。同时，提供担保前三名的行业分别是制造业、房地产业以及批发和零售贸易业。笔者认为造成该分布格局的主要原因，一是制造业在我国上市公司中占有主要地位，二是不同产业间的资产特质不同，例如，制造业与房地产业有大量的固定资产作为担保的抵质

---

① 母公司提供担保、股东以及关联方提供担保的事项在会计核算中并不计入公司总价值中，所以不属于本章的研究范围；由于采用事件研究法，本章未考虑2007—2016年上市公司中提供担保公司比例、小型非国有上市公司比例等因素变化的影响。

押物。担保数据来自锐思担保事件数据库,公司财务数据、股票数据以及公司最终控制人数据均来自国泰安(CSMAR)数据库。其中,公司财务数据采用当年的年末值,对所有连续性变量在0.1%和99.9%水平上做了缩尾处理。

表3-1　我国2007—2016年上市公司担保事件年度及行业分布

行业	2007	2008	2009	2010	2011	2012	2013	2014	2015	2016	合计
A 农、林、牧、渔业	26	34	32	40	45	54	50	51	61	49	442
B 采掘业	33	36	54	61	58	85	92	105	118	128	770
C 制造业	816	1012	1005	1017	1144	1351	1384	1471	1631	1812	12643
D 电力、煤气及水等公用事业	80	101	101	73	84	111	90	82	101	107	930
E 建筑业	49	67	61	64	70	92	88	107	131	139	868
F 交通运输、仓储业	35	36	44	41	59	76	89	75	73	90	618
G 信息技术业	106	112	106	123	128	151	181	172	190	257	1526
H 批发和零售贸易业	142	159	174	166	164	192	187	195	212	237	1828
J 房地产业	125	148	190	204	222	326	349	390	376	440	2770
K 社会服务业	55	62	48	77	79	82	93	119	119	187	921
L 传播与文化业	23	11	16	15	15	25	22	22	41	40	230
M 综合类	34	41	38	33	37	38	39	39	35	27	361
合计	1524	1819	1869	1914	2105	2583	2664	2828	3088	3513	23907

3.2.2　变量选择

(1) 担保行为效应的衡量

本章采用公司提供担保公告后市场的累计异常收益率(CAR)作为被解释变量,反映公司提供担保事件对于公司价值的影响。

CAR 采用 Ball 和 Brown（1968）的累计异常收益率算法。具体如下：

首先，选择预期窗口来预测公司的正常收益率，公式如下：

$$R_{i,t} = \alpha_i + \beta_i R_{m,t} + \varepsilon_{i,t} \tag{3-1}$$

其中，$R_{i,t}$ 为个股 t 时刻的实际收益率，$R_{m,t}$ 为 t 时刻的市场收益率，α_i 和 β_i 为待估参数，$\varepsilon_{i,t}$ 为随机扰动项。在估计 α_i 和 β_i 后可得预期正常收益率。

$$NR_{i,t} = \hat{\alpha}_i + \hat{\beta}_i R_{m,t} \tag{3-2}$$

其中，$NR_{i,t}$ 为正常收益率，$\hat{\alpha}_i$ 和 $\hat{\beta}_i$ 为由式（3-1）得到的最优估计异常收益率。

$$AR_{i,t} = R_{i,t} - NR_{m,t} \tag{3-3}$$

其次，计算个股的累计异常收益率，公式如下：

$$CAR(t_1, t_2) = \sum_{t_1}^{t_2} AR_{i,t} \tag{3-4}$$

其中，$CAR(t_1, t_2)$ 为窗口期 t_1 至 t_2 的超额收益率。本章采用 [-5, 5] 天作为事件研究中市场反应计量的时间窗口。

（2）法制环境改革的变量选择

本章研究法制环境改革是否能够增强公司价值动机担保，抑制公司利益侵占动机担保，从而增加公司提供担保后价值。十八大的召开为我国法制环境改革制定了基本方针，政府出台了一系列相关法律法规以及增强监管与执法力度的措施，故本章将十八大作为研究法制环境改革的时间窗，对比法制环境改革前后公司担保效应变化，设十八大事件哑变量（D_18）为解释变量，如果 D_18 取值为 0，表示该担保事件发生在 2012 年 12 月 31 日及之前（十八大之前），取值为 1，表示该担保事件发生在 2013 年及之后（十八大之后）。

（3）控制变量

担保掏空行为假说（Berkman、Cole 和 Fu，2009）认为大股东对小股东的掏空行为会随资产负债率以及资产收益率的升高而加剧。所以公司资产负债率越高,公司资产收益率越差,提供担保的利益侵占程度越大,本章在此控制公司资产负债率(Leverage)以及公司资产收益率(ROA)变量。刘小年和郑仁满(2005)的研究发现,规模越大的公司越倾向提供担保,本章采用公司总资产的自然对数(Size)控制公司规模对担保行为的影响。冷奥琳、张俊瑞和邢光远(2015),Berkman、Cole 和 Fu(2009)基于 North(1990)的产权理论,指出公司产权性质会影响公司提供担保的内在动机,国有上市公司对于中小股东的价值侵占行为更为明显。本章按照上市公司的最终控制人性质对公司产权性质(SOE)进行划分,如果公司的最终控制人为国家、地方或者相关职能单位,则 $SOE=1$,否则 $SOE=0$。由于 Jensen 和 Meckling(1976)指出大股东对小股东的利益侵占是委托代理问题中的重要组成部分,本章参考贺炎林、张瀛文和莫建明(2014)研究,将第一大股东持股比例作为股权集中度的测量变量。变量定义如表 3 - 2 所示。

表 3 - 2　　　　　　　　变量定义表

变量类型	变量名称	变量符号	变量描述
被解释变量	累计异常收益率	CAR	利用 Ball 和 Brown(1968)方法计算得出 [-5,5] 日窗口期的累计异常收益率
解释变量	十八大	D_18	哑变量,十八大之前(2012 年及以前)为 0,2013 年之后为 1
控制变量	资产负债率	Leverage	公司总负债/公司总资产
	资产收益率	ROA	公司净利润/公司总资产年末值
	公司规模	Size	公司期末总资产的自然对数
	产权性质	SOE	最终控制人为国家、地方政府以及相关职能单位时为 1,其他为 0
	股权集中度	Shrcr1	第一大股东持股比例年初值

本章根据 Berkman、Cole 和 Fu（2009）以及冷奥琳、张俊瑞和邢光远（2016）对担保人提供担保行为选择的相关研究，构建以下多元回归模型：

$$CAR = \beta_0 + \beta_1 \times D\_18 + \beta_2 \times Leverage + \beta_3 \times ROA + \beta_4 \times Size + \beta_5 \times SOE + \beta_6 \times Shrcr1 \qquad (3-5)$$

3.3 法制环境改革影响担保行为效应的实证研究

3.3.1 描述性统计分析

2007 年以来担保事件样本数与 CAR 均值变化如图 3-2 所示。自 2007 年以来，上市公司对外担保事件呈现稳步增长态势。担保后的累计异常收益率在 2008 年最低，为 -0.0135，2009 年以后该数值持续增长，至 2016 年，担保后公司累计异常收益率均值为 0.0002，达到峰值。说明随着我国法制环境改革的深入，提供担保的价值效应正在不断显现。

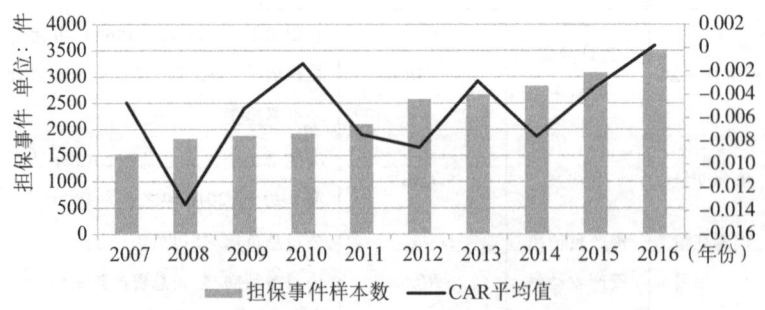

图 3-2　2007—2016 年担保事件样本数及 CAR 平均值趋势图

从表 3-3 可知，[-5, 5] 窗口期的累计异常收益率（CAR）的均值为 -0.0051，说明提供担保后公司价值平均值水平受到了

0.5%的损失。CAR的最小值为-0.8655,说明由于提供担保所损失的价值最大达到了86.6%。CAR最大值为0.5063,说明提供担保带来的累计异常收益率最大达到了50.6%。这同时表明提供担保的经济后果差异巨大。表3-4为十八大前后提供担保累计异常收益率(CAR)变化均值T检验。在十八大之前,提供担保的累计异常收益率均值为-0.69%,在十八大之后该数值上升至-0.32%。十八大之后的累计异常收益率均值上升0.37%。均值差异检验的T值为-3.0753,在99%水平显著,说明法制环境改革能够抑制公司的担保利益侵占行为,减轻担保带来的价值损失。本章进一步区分上市公司产权性质发现,非国有上市公司提供担保的价值损毁效应在十八大之后得到显著缓解。

表3-3　　　　　　　变量描述性统计分析

变量名称	观测值	均值	标准差	最小值	最大值
CAR	23907	-0.0051	0.0934	-0.8655	0.5063
D_18	23907	0.5058	0.5000	0.0000	1.0000
Leverage	23907	0.5523	0.1911	0.0439	1.5001
ROA	23907	0.0283	0.0515	-0.4761	0.2953
Size	23907	22.4167	1.2652	19.2377	27.2498
SOE	23907	0.4451	0.4970	0.0000	1.0000
Shrcr1	23646	35.3522	15.2950	3.6220	89.4086

表3-4　　　十八大前后累计异常收益率均值T检验

变量	样本类型	监管环境	观测值	均值	标准差	均值差	T值
CAR	总样本	十八大以前	11814	-0.0069	0.0900	-0.0037	-3.0753***
CAR	总样本	十八大以后	12093	-0.0032	0.0965		
CAR	国有公司	十八大以前	6155	-0.0052	0.0842	-0.0021	-1.2815

续表

变量	样本类型	监管环境	观测值	均值	标准差	均值差	T值
CAR	国有公司	十八大以后	4485	-0.0031	0.0830		
CAR	非国有公司	十八大以前	5659	-0.0088	0.0960	-0.0055	-3.1276***
CAR	非国有公司	十八大以后	7608	-0.0033	0.1037		

注：表中 *、**、*** 分别代表在10%、5%以及1%水平显著，双尾检验。

3.3.2 影响效应结果测算

本章主回归模型中采用 OLS 估计方法测算十八大后法制环境改革背景下提供担保事件前后累计异常收益（Ball 和 Brown，1968）变化分析法制环境改革对于担保价值的作用，结果如表3-5所示。表3-5第（2）列为 OLS 回归结果，其中十八大事件窗（D_18）回归系数为 0.0031，在 5% 水平显著，说明法制环境改革十八大窗口期后提供担保的累计异常收益率提高了 0.31%，表明法制环境改革确实能够减轻公司提供担保后为公司带来的价值损失。另外，本章利用面板数据回归控制行业固定效应后发现十八大与担保事件累计异常收益率的回归系数为 0.0029，在 5% 水平显著。同时，本章利用最大似然估计（MLE）来控制遗漏变量产生的内生性问题，回归结果如表3-5第（4）列所示。本章同时将被解释变量改变提供担保后的累计异常收益率计算时间窗，其结果与主回归结果方向保持一致，说明法制环境改革能够有效缓解公司提供担保后的价值损毁效应。

表3-5　　　十八大对担保事件累计异常收益率影响回归测算

变量	主检验	行业固定效应	最大似然估计	窗口期[-1, 5]	窗口期[-1, 1]
D_18	0.0031**	0.0029**	0.0031**	0.0023**	0.0017**
	(2.44)	(2.27)	(2.44)	(2.28)	(2.48)

续表

变量	主检验	行业固定效应	最大似然估计	窗口期[-1, 5]	窗口期[-1, 1]
Leverage	-0.0005	-0.0022	-0.0005	-0.0005	-0.0026
	(-0.14)	(-0.54)	(-0.14)	(-0.17)	(-1.27)
ROA	0.0504***	0.0482***	0.0504***	0.0377***	0.0112*
	(3.98)	(3.79)	(3.98)	(3.75)	(1.65)
Size	0.0020***	0.0019***	0.0020***	0.0014***	0.0010***
	(3.48)	(3.30)	(3.48)	(3.07)	(3.34)
SOE	0.0005	0.0001	0.0005	0.0005	0.0005
	(0.37)	(0.11)	(0.37)	(0.48)	(0.75)
Shrcr1	-0.0000	-0.0000	-0.0000	-0.0000	-0.0000
	(-0.07)	(-0.40)	(-0.07)	(-0.65)	(-1.98)
常数项	-0.0514***	-0.0489***	-0.0514***	-0.0370***	-0.0237***
	(-4.50)	(-4.06)	(-4.50)	(-4.07)	(-3.89)
R^2	0.0021	0.0019	0.0021	0.0018	0.0014
Adjusted R^2	0.0019	0.0011	0.0019	0.0015	0.0011
样本量	23646	23646	23646	23565	23600
F值	8.41***	7.44***	50.47***	6.92***	5.51***

注：括号中为系数的 t 值，表中 *、**、*** 分别代表 10%、5% 以及 1% 水平显著，双尾检验。

3.3.3 影响效应结果的稳健性检验

在稳健性检验中分别检验了国有产权公司与非国有产权公司十八大时间窗对担保累计异常收益率的影响以及不同担保对象下十八大时间窗对担保累计异常收益率的影响，如表 3-6 所示。十八大时间窗对不同产权公司提供担保影响如表 3-6 第（2）、（3）列所示，十八大时间窗对国有公司提供担保累计异常收益率影响的回归系数为 0.0004，未通过显著性检验；十八大时间窗对非国有公司提供担保累计异常收益率影响的回归系数为0.0045,在5%水平显著。表3-6结果说明,法制环境改革不仅能够改善公司关联方之间的治理环境,减轻价值在关联方之间的非效率转移;同时法制环境改革能够促进不同产权性质下的公司提供担保对公司价值的影响。揭示了产权性质本身并无法解决上市公司价值非效率转移问题,而完善法律法规的制定、增强法治建设的法制环境改革才是解决市场资源分配效率的有效途径。本章区分担保人与被担保人关联关系后,十八大时间窗对子公司担保影响如表3-6的第(4)列所示,十八大对上市公司对子公司担保的累计异常收益率影响回归系数为0.0034,在5%水平显著。对子公司担保事件的累计异常收益率影响要高于对非子公司担保事件的累计异常收益率影响。对非关联方担保影响的检验如表3-6的第(5)列所示,并未通过显著性检验,说明法制环境改革能够更有效促进为关联方担保的经济效率,而这往往是各国公司治理中比较难克服的问题。在稳健性检验中,本章还控制了公司财务报表披露这一重大信息披露对担保市场反应的影响,其中 *EstiDeclare* 为在估计期存在重大事项披露,*EvtDeclare* 为在窗口期存在重大事项披露,如表3-6第(6)、(7)列所示,检验十八大时间窗对累计异常收益率影响,发现其结果与主结果方向相一致,故在此不再罗列。

表3-6　　十八大对担保事件累计异常收益率的影响
（稳健性检验）

变量	产权性质		担保对象		其他重大事件	
	非国有	国有	子公司	非关联方	估计期	窗口期
D_18	0.0045**	0.0004	0.0034**	-0.0032	0.0026**	0.0025*
	(2.37)	(0.22)	(2.36)	(-0.54)	(1.99)	(1.94)
Leverage	0.0066	-0.0037	-0.0006	0.0104	0.0004	0.0007
	(1.17)	(-0.70)	(-0.13)	(0.72)	(0.10)	(0.18)

续表

变量	产权性质		担保对象		其他重大事件	
	非国有	国有	子公司	非关联方	估计期	窗口期
ROA	0.0255	0.0570***	0.0362**	0.0597	0.0382***	0.0379***
	(1.37)	(3.12)	(2.37)	(1.45)	(2.91)	(2.89)
$Size$	0.0017*	0.0030***	0.0030***	0.0014	0.0024***	0.0024***
	(1.85)	(4.17)	(4.59)	(0.56)	(4.15)	(4.20)
SOE			0.0006	0.0016	0.0009	0.0007
			(0.41)	(0.29)	(0.72)	(0.57)
$Shrcr1$	−0.0001	0.0000	−0.0000	−0.0001		
	(−1.49)	(0.78)	(−0.70)	(−0.31)		
$EstiDeclare$					0.0034***	
					(2.65)	
$EvtDeclare$						0.0004
						(0.29)
常数项	−0.0477***	−0.0738***	−0.0735***	−0.0425	−0.0633***	−0.0631***
	(−2.57)	(4.95)	(−5.65)	(−0.84)	(−5.37)	(−5.34)
R^2	0.00160	0.00400	0.00260	0.00270	0.00230	0.00200
Adjusted R^2	0.00120	0.00350	0.00230	−0.00200	0.00200	0.00170
样本量	13267	10640	19586	1262	23907	23907
F 值	4.24***	8.48***	8.57***	0.58	9.13***	7.96***

注：括号中为系数的 t 值，表中 *、**、*** 分别代表 10%、5% 以及 1% 水平显著，双尾检验。

本章小结

本章以上市公司提供担保对公司价值产生变化为切入点，考察法制环境改革是否能够增加担保的价值，改善担保市场效率。基于对担保事件的研究发现,在十八大后,公司提供担保的累计异常收益率有显著提高,说明法制环境改革确实有助于提高担保市场效率,缓解担保的价值损毁效应,保护投资者权益。稳健性检验中发现该结果在非国有上市公司担保以及上市公司对子公司的担保中更为显著。说明法制环境改革能够有效抑制价值在关联方之间的非效率转移,促进担保市场效率的发挥;同时,法制环境改革能够有效减轻非国有产权担保的价值破坏,说明产权性质本身并不能促进公司业务价值分配的效率;盲目地进行产权改制或者变革并不会增加投资者的收益,反而会使国有资产以及市场遭受腐蚀。需要特别说明的是,上述结论未考虑市场上近几年提供担保公司比例及非国有上市公司比例上升等因素。本章的研究支持了 LLSV(1998)、Stiglitz(2002)、冷奥琳、张俊瑞和邢光远(2016)的研究论点,说明法制环境改革是增加资本市场价值、改善我国资本市场资源配置效率的有效途径,也是我国社会主义市场经济下资本市场发挥效率的关键性基石。

第4章

审计质量对企业担保掏空行为的抑制效应研究

外部审计是资本市场的守卫者。长久以来,外部审计被视为一种维护资本市场稳定、提高资本市场效率、降低代理成本的有效监督机制(傅绍正、曾琦和胡国强,2021)。随着我国经济和资本市场的发展,投资者和社会公众对外部审计提出了更高要求,期望通过注册会计师的审计鉴证业务,向投资者和公众提供上市公司的有效信息,充分发挥审计的外部治理效应(程丽华,2019)。在2007—2016年的所有A股上市公司中,聘请国际四大会计师事务所对公司年报进行审计的约占5.7%;被出具非标准审计意见的约占4.7%,其中,只有1.1%的非标准审计意见是由国际四大会计师事务所出具的。审计质量是一个综合的概念,既包含审计师通过合理方法确认公司财务报告的审计过程质量(Knechel等,2013),又包含最终产成品(即审计报告)的质量(DeAngelo,1981),审计质量的高低直接影响到审计目标的实现。

随着对资本市场研究的深入,大股东对中小股东"掏空"的第二类委托代理问题逐渐被人们所认识和重视(Johnson等,2000;Li,2021)。已有研究认为外部审计对于第二类委托代理问题的抑制机理主要有外部审计的治理效应(Fan和Wong,2005;王烨,2009),以及信息威慑作用(Defond、Wong和Li,2019;Chen等,2013)。这些研究主要利用其他应收款年末值占总资产比例来衡量大股东资金占用（王烨，2009；洪金明，2011），或者以关联交易规模作为衡量掏空行为的切入点（汪健，2014）。然而，这些衡量方式无法区分正常交易和掏空性质的交易，进而导致公司正常的其他应收款与关联交易也被错误地列为第二类委托代理问题，造成第二类统计学错误，且该类错误在上述实证框架内无法得到修正。最终，导致人们容易高估外部审计在第二类委托代理问题中发挥的作用，且很难深入挖掘审计发挥作用的真实路径。

本章从担保掏空行为入手，研究审计质量对担保掏空行为抑制的机理和影响程度。担保是大股东对小股东利益侵占的主要手段之一（Knechel 等，2013）。截至2019年底，仅A股上市公司担保市场规模已高达6万亿元，相当于当年人民币贷款存量的4%，当年约有62%的上市公司存在提供担保的情况①。然而，公司大股东利用担保对中小股东进行掏空的行为频繁发生（冷奥琳、张俊瑞和邢光远，2015），担保的自身价值与风险转移特性为公司的担保掏空行为提供了便利，极大地损害了投资者的利益和担保市场的效率。例如，1999年，猴王股份、吉发股份等多家上市公司因巨额担保而沦为控股股东的"提款机"（饶育蕾、张媛和彭叠峰，2008）；2018年4月24日，富贵鸟股份有限公司发公告称，由于公司前期存在大额对外担保及资金拆借，相关款项无法按时收回，因此无法按期偿付"14富贵鸟"债券到期应付的回售本金及利息，导致该债券发生实质性违约。富贵鸟公司大股东通过对外担保和资金拆借的方式，制造非显性的关联关系，隐秘地将公司资产转移出去；从债权人视角来看，大股东的掏空行为极具"欺骗性"，大股东的掏空行为是公司债券违约的原因之一（周霞，2019）。Berk-

---

① 担保数据由作者对2019年度国泰安上市公司对外担保数据库中公司担保情况统计得到，2019年人民币贷款存量数据来自中国人民银行《2019年金融统计数据报告》。

man、Cole 和 Fu（2009）研究指出，我国资产负债率高、盈利能力差且成长性低的公司更愿意提供担保，认为我国上市公司对其关联方担保是大股东对中小股东的掏空行为。利用担保的掏空行为相较于股东资金占用等利用关联方交易的掏空手段而言，与公司的融资行为有关，债权人的介入使其形式上更为复杂。由于大股东担保掏空行为会同时对中小股东和债权人利益产生影响，因此导致的危害和风险更为严重，急需市场监管机制来保护投资者的权益，抑制大股东的利益侵占行为，提高担保市场效率。

我国《关于规范上市公司对外担保行为的通知》（以下简称《120号通知》）要求公司对外提供担保必须通过董事会决议并及时披露担保事项的相关信息，为本章将公司对外担保行为作为研究掏空的切入点提供了政策保障。《120号通知》的强制披露要求使得担保受到第三方的信息监督，相较于关联交易等其他掏空惯用手段而言隐蔽性较弱[①]，为本章研究审计质量对担保掏空行为影响效应提供了数据支撑。本章以担保掏空行为为研究对象，采用担保的事件研究法区分正常担保行为和掏空担保行为，达到"一事一议"的效果，从而缓解将公司正常业务列入掏空行为的第二类统计学错误；同时，分别从审计投入质量和审计产出质量角度，考察审计质量能否缓解上市公司提供担保带来的第二类委托代理问题，澄清审计质量抑制担保掏空行为的机理，深化外部审计的公司治理效应研究，为监管部门政策制定和优化提供参考。

---

① 中国证监会2001年发布的《关于在上市公司建立独立董事制度的指导意见》中指出，上市公司的重大关联交易必须由独立董事认可后再提交董事会讨论，独立董事还需要对相关的关联交易事项发表独立意见。由于现实中可能存在将一笔重大关联交易拆分成多笔规模较小的关联交易，以避免被独立董事和董事会审核的情况发生，而《120号通知》则要求上市公司强制披露所有提供担保的情况，因此笔者认为从信息披露的详尽程度及及时性方面，担保交易的披露要求较关联方交易更加严格，信息披露的及时性和透明度较高，故利用担保掏空的信息隐蔽性较弱。

4.1 审计质量发挥作用的依据与假设

4.1.1 高质量审计发挥公司治理作用缓解委托代理问题

外部审计能够作为一种外部治理机制缓解公司的第一类委托代理问题。DeAngelo（1981）、杨德明、林斌和王彦超（2009）研究发现聘请高质量外部审计师是一种重要的监督形式，当公司内部管理机制无法有效降低代理成本时，公司寻求高质量的外部审计能降低代理成本；并且当公司雇佣 N 大审计师时，能够增加公司价值。朱小平和刘西友（2009）发现相较于"非十大"的客户，"十大"客户高管薪酬的业绩—薪酬敏感性更高，表明审计质量在高管薪酬契约签订过程中发挥着重要作用。于李胜、王艳艳和陈泽云（2008）模型分析表明，高质量外部审计能够起到过滤和监督作用从而降低企业的代理成本，改变投资者的经济决策，影响未来预期现金流的均值，企业的权益资本成本随外部审计质量的提高而降低。已有研究发现外部审计同样能够缓解大股东利益侵占带来的第二类委托代理问题。Fan 和 Wong（2005）实证研究发现公司聘请"五大"审计师缓解了由委托代理问题导致的股价折扣，提高了公司价值，说明在东亚新兴市场中，高质量的外部审计能发挥公司治理作用。Zerni、Kallunki 和 Nilsson（2010）利用瑞典上市公司数据得到同样的结论。王烨（2009），洪金明、徐玉德和李亚茹（2011）研究发现，聘请"四大"或"十大"审计师能够降低控制性股东的资金占用程度，减缓公司的代理冲突，表明在我国公司内部治理机制不完善的情况下，高质量外部审计这一外部监督机制具有一定的替代治理作用。翟胜宝等（2017）研究发现相比于非"四大"，"四大"审计师对控股股东股权质押采取更加明显的风险应对行为，主要体现为增加审计投入和收取更多的审计费用两方面。汪健（2014）发现"四大"代表的高质量审计可以有效制约公司关联交易发生概率和规模。

4.1.2　高质量审计能够提高审计信息披露质量，抑制掏空行为

外部审计师是公司控股股东与中小股东之间的信息媒介，以其专业能力和对客户业务的熟悉向市场传递更可靠、更确切的信息（Gul、Kim 和 Qiu，2010）。审计意见是审计师与公司股东直接交流、提供上市公司信息的渠道，也是审计师直接可控的。对于审计师来说，大股东掏空会给公司带来经营风险和财务风险。进而提高了审计师的审计风险。为降低自身风险，审计师就财务报表中存在的合法性或公允性问题出具非标准审计意见，提高审计信息披露质量，引起投资者和监管部门的注意。非标准审计意见会给公司带来一系列负面影响，如引起证监会对公司进行盈余管理的注意，导致公司面临代价高昂的处罚（Defond、Wong 和 Li，2000）；Chen、Su 和 Zhao（2000）检验沪市上市公司首次发布非标准审计意见的市场反应发现，在控制同期其他公告的影响后，投资者对非标准审计意见的市场反应为负，且负向影响一直持续到第二年；Chen 等（2016）研究发现，相比收到标准审计意见的公司，收到非标准审计意见的公司的贷款利差增加，贷款规模减少，被要求使用抵押物的可能性增加，表明审计师通过非标准审计意见向债权人传递了有关公司信贷风险的额外信息，增加了公司的债务成本。上述研究说明非标准审计意见会给上市公司带来额外成本。非标准审计意见将公司的管理层和大股东置于投资者、媒体和监管部门更多的关注和监督下，Chen 等（2013）发现，平均而言，审计师向高盈余操纵的公司出具非标准审计意见显著减少了随后监管机构对公司欺诈行为的识别，表明我国的审计师可以作为一种有效的预警机制，揭露并阻止管理层的机会主义行为升级为欺诈行为。

4.1.3 研究假设

美国审计总署（2003）基于审计的本质，将审计质量定义为"审计师根据相关准则，通过合理的方法确认公司的财务报告以及相关披露要满足：按照会计准则进行披露；没有由于错报或舞弊所导致的重大错报。"在发现重大错报后，高质量的审计应表现出：保证被审计单位就重大错报的部分进行恰当的修改调整；如果被审计单位拒不修改，则出具非标审计意见；如有必要，退出对被审计单位的审计活动并向相关部门说明原因。审计质量是一个综合的概念，既涵盖审计师通过合理方法确认公司财务报告的审计过程质量（Knechel 等，2013），又包含最终的产成品——审计报告的质量（审计质量代表市场经过合理的计算后预估审计师发现财务报告中重大错报漏报的概率（DeAngelo，1981）；在公司财务报告体系和固有特征的基础上，对财务报表忠实反映公司基本经济状况做出的保证程度（Defond，2014））。据此，本章将审计质量分为审计投入质量和审计产出质量，并根据上述文献回顾，假设审计投入质量和审计产出质量分别从治理作用和信息威慑作用两条路径缓解公司的第二类委托代理问题。

关于审计投入质量的治理作用，本章顺应 DeAngelo（1981）的研究框架，结合审计质量的概念界定，认为聘请"国际四大"或者"十大"可以被视为高的审计投入质量。如果审计质量在抑制担保掏空行为过程中发挥治理作用，那么审计投入质量的提高（聘请"国际四大"或"十大"）会有效减少公司的担保掏空行为。这是由于当公司聘请"国际四大"或"十大"时，外部审计便开始发挥治理作用，通过增加监督来抑制经理人与股东之间存在的委托代理冲突，提高上市公司治理效力。若该治理机制在公司担保行为上也能发挥作用，便可遏制由第二类委托代理问题产生的上市公司为有利于控股股东的第三方提供担保进行掏空的行为，进而

第4章 审计质量对企业担保掏空行为的抑制效应研究

降低担保对公司价值的减损作用,体现担保契约的价值。据此,提出如下假设:

假设1:高的审计质量投入发挥治理作用会抑制公司利用担保的掏空行为,提供担保价值更高。

关于审计产出质量的信息威慑作用,当上市公司提供担保时,由于其知道审计意见带来的后续影响,尤其是审计师在非标准审计意见中对担保信息披露产生的不良经济后果(Chen,2000;Chen,2016),公司大股东的掏空行为会有所收敛,涉及担保事项的非标准审计意见起到威慑作用。因此,审计师在审计意见中披露的公司担保信息越多,审计信息披露质量(审计产出质量)越高,威慑作用越强,越能抑制公司控股股东的担保掏空行为,降低担保对公司价值的减损作用。由此,提出如下假设:

假设2:高的审计质量产出发挥信息威慑作用会抑制公司利用担保的掏空行为,提供担保价值更高。

值得注意的是,审计质量投入的治理作用发挥效能的时间是从审计师进驻公司开始,到审计师离开公司结束;而由审计质量产出带来的信息威慑作用则是在审计意见发表之后,影响公司控股股东的担保掏空行为如图4-1所示。本章在审计质量投入治理作用的实证检验设计中,检验高质量审计师对当期担保行为的影响效应;在审计质量产出信息威慑作用的实证检验设计中,检验提及担保事项的审计报告对下一期担保行为的影响效应。

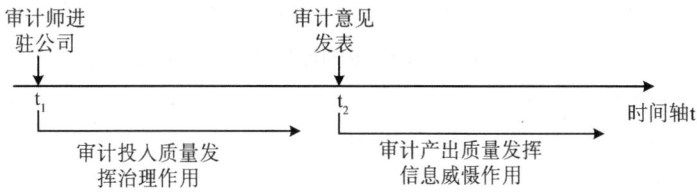

图4-1 审计质量投入和审计质量产出发挥作用示意图

4.2 审计质量发挥作用的实证研究设计

4.2.1 变量选择

(1) 审计质量的衡量

本章从审计投入和审计产出两个视角衡量审计质量（Defond 和 Zhang, 2014）。①衡量审计投入质量：本章利用审计主体的特征衡量审计质量（韩丽荣、高瑜彬和胡玮佳, 2014）。由于 Francis、Maydew 和 Sparks（1999）发现聘请了国际 N 大会计师事务所的公司有更低的异常或未预期应计，反映出更高的审计质量，以及漆江娜、陈慧霖和张阳（2004）发现"国际四大"的审计质量明显高于本土所，本章将"国际四大"会计师事务所作为优质审计投入质量的代理变量。由于吴水澎和李奇凤（2006）发现"国际四大"的审计质量高于国内"十大"，而国内"十大"高于非"十大"；张宏亮和文挺（2016）对不同审计质量替代指标的有效性进行检验，提出国际四大的审计质量代表性没有国内十大所好，本章将"十大"会计师事务所（包含"国际四大"），作为高审计投入质量的代理变量。为区分国内事务所和"国际四大"事务所的审计质量，本章进一步定义"十大"中的本土所（即去除"国际四大"后）为"本土六大"事务所。②衡量审计产出质量：本章采用审计意见类型衡量审计产出质量。赵艳秉和张龙平（2017）检验了一系列审计质量度量方法在我国的适用性，发现注册会计师对存在违规可能性的财务报表发表了对应的审计意见，审计意见可以反映财务报表质量，属于高质量审计。本章将审计意见类型分为"非标准审计意见"①

---

① 本章中非标准审计意见（简称"非标意见"）包括：无保留意见加事项段、保留意见、保留意见加事项段、无法表示意见和否定意见。

和"标准无保留意见",进一步考虑审计师是否在审计意见中披露担保信息,将"非标意见"分为"涉及担保事项的非标意见"和"不涉及担保事项的非标意见"。

(2)担保掏空行为的衡量

担保掏空行为会降低公司价值(Berkman、Cole 和 Fu,2009),在信息有效的市场中,股票价格在公司发出公告后迅速调整,反映出市场对该公司预期价值的变化(Gregor、Mark 和 Erik,2001),因此,在公司发布提供担保的公告后,此次担保为公司价值带来的波动反映在股价中,事件窗口期的累计异常收益率的正负可以反映出担保"增值"或"掏空"的经济后果(Ball 和 Brown,1968;冷奥琳、王梦迪和贾明,2019)。本章采用公司提供担保公告事件窗口期的累计异常收益率(CAR)作为被解释变量,反映公司提供担保事件对公司价值的影响。将 CAR 取值为负视为担保掏空行为,CAR 值越小,掏空行为越严重;CAR 值越大,掏空行为越缓和。CAR 的计算采用 Ball 和 Brown(1968)的算法,以 [-60,-6] 天作为事件研究中市场反应计量的预测窗口,[-5,5] 天作为市场反应计量的事件窗口。

4.2.2 影响效应实证模型构建

(1)检验审计投入质量对担保掏空行为影响效应实证模型

参考 Chaney、Jeter 和 Shivakumar(2004),于李胜、王艳艳和陈泽云(2008)以及庄鹏飞(2019)的做法,本章采用两阶段回归检验审计投入质量对担保掏空行为的影响效应。第一阶段为事务所(审计投入质量)选择模型,将 probit 回归后计算得到的逆米尔斯比率(IMR)作为第二阶段回归的控制变量;第二阶段检验审计投入质量对担保掏空行为的影响。本章构建模型如下,其中模型(3.1)为选择模型,采用 probit 回归,模型(3.2)为影响效应模型,采用固定效应回归。

第一阶段：

$$BigN = \alpha_0 + \alpha_1 Size + \alpha_2 Turnover + \alpha_3 Leverage + \alpha_4 CurRatio + \alpha_5 ROA + \alpha_6 Loss + \alpha_7 Agency + \alpha_8 Shrcr10 + industry + \mu \quad (4-1)$$

其中，$BigN$ 为被解释变量，若公司聘请的是"国际四大"或"十大"，取值为 1，否则为 0。参考 Chaney、Jeter 和 Shivakumar (2004)，于李胜、王艳艳和陈泽云 (2008) 的研究，选择一系列影响公司选择高质量审计师的变量：用公司规模 ($Size$) 和资产周转率 ($Turnover$，用营业收入/总资产衡量) 控制审计师努力程度；用资产负债率 ($Leverage$)、流动比率 ($CurRatio$，用流动资产/总资产衡量) 控制审计风险；用资产收益率 (ROA) 衡量企业业绩，而 $Loss$ 表示公司是否处于财务困境，若上一期净利润小于零，取值为 1，否则为 0；用 $Agency$ 表示公司内部的代理成本，用管理费用与总资产之比衡量；用公司前十大股东持股比例 ($Shrcr10$) 衡量大股东与中小股东的代理冲突；$industry$ 表示模型控制行业虚拟变量。

第二阶段：

$$CAR = \alpha_0 + \alpha_1 BigN + \alpha_2 FirmCha + \alpha_3 GDPGrowth + \alpha_4 IMR + industry + \mu \quad (4-2)$$

其中，CAR 为被解释变量，CAR 值越小，掏空行为越严重；CAR 值越大，掏空行为越缓和。$BigN$ 为解释变量，若公司聘请的是"国际四大"或"十大"，取值为 1，否则为 0。$FirmCha$ 为公司特征控制变量，参考郑国坚、林东杰和张飞达 (2013)，冷奥琳、王梦迪和贾明 (2019) 以及 Lu 等 (2020) 的研究，选取资产负债率 ($Leverage$)、资产收益率 (ROA)、公司规模 ($Size$)、固定资产比例 ($Tangibility$)、产权性质 (SOE)、第一大股东持股比例 ($Shrcr1$)、是否 ST (ST) 等影响担保行为和经济后果的公司特征变量，并采用 GDP 实际增长率 ($GDPGrowth$) 控制商业周期的影响。IMR 为第一阶段选择模型得到的逆米尔斯比率；$industry$ 表示

第4章 审计质量对企业担保掏空行为的抑制效应研究

模型控制行业固定效应。

（2）检验审计产出质量对担保掏空行为影响效应实证模型

本章检验审计产出质量对担保掏空行为影响考虑两个连续的会计年度（T-1期和T期），假设会计期末审计师出具审计报告，本章检验T-1期的"涉及担保事项的非标意见"对T期公司担保掏空行为是否具有威慑作用。由于"涉及担保事项的非标意见"的样本仅占总样本的0.28%，为确保回归结果的有效性，本章首先采用倾向得分匹配（PSM）法得到待检验的样本，而后采用多元回归检验审计产出质量对担保掏空行为的影响效应。

参考郭淑娟、路雅茜和常京萍（2019），连立帅、朱松和陈关亭（2019）所采用的PSM方法，本章以上一年度审计意见类型为判断标准，将总样本分为标准无保留意见组和非标意见组，其中，非标意见组进一步区分为"涉及担保事项的非标意见"和"不涉及担保事项的非标意见"。在主检验中，处理组为被出具"涉及担保事项的非标意见"的担保样本，记为$D_i=1$；对照组为被出具"标准无保留意见"的担保样本①，记为$D_i=0$。

首先，计算某个担保样本被出具"涉及担保事项的非标意见"的倾向得分值（PS）。在给定样本特征X_i下，担保样本i被出具"涉及担保事项的非标意见"的条件概率为：

$$PS(X_i)=Pr\{D_i=1|X_i\}=E\{D_i|X_i\}$$

其中，X_i包括资产负债率（$Leverage$）、资产收益率（ROA）、公司规模（$Size$）、固定资产比例（$Tangibility$）、产权性质（SOE）、第一大股东持股比例（$Shrcr1$）、是否ST（ST）、GDP实际增长率（$GDPGrowth$）。选择Logit模型进行估计：

$$PS(X_i)=Pr\{D_i=1|X_i\}=\frac{exp(\beta X_i)}{1+exp(\beta X_i)} \qquad (4-3)$$

---

① 本章"涉及担保事项的非标意见"集中分布在制造业、信息技术业、批发和零售贸易业、房地产业和社会服务业5个行业中，因此对照组样本也限制在这5个行业。

其中，β 为 Logit 模型回归系数，模型的预测值即为 PS 值。

其次，以估计出的倾向得分值（PS）为基础，采用 1∶10 最邻近匹配法[①]，寻找与处理组样本 PS 值最为接近的对照组样本作为匹配对象。

再次，计算处理组平均处理效应（ATT），估计被出具"涉及担保事项的非标意见"对上市公司提供担保累计异常收益率（CAR）影响的净效应：

$$ATT = E\{Y_{1i} - Y_{0i} \mid D_i = 1\} \qquad (4-4)$$

其中，Y 衡量上市公司提供担保的累计异常收益率（CAR），Y_{1i} 为上一年度被出具"涉及担保事项的非标意见"公司提供担保的 CAR 值，Y_{0i} 为上一年度被出具标准无保留意见的公司提供担保的 CAR 值，$Y_{1i} - Y_{0i}$ 为不同审计意见类型对提供担保 CAR 的处理效应。

最后，对匹配后的样本进行 OLS 检验，模型如下：

$$CAR_t = \alpha_0 + \alpha_1 GuaOp_{t-1} + \alpha_2 FirmCha_t + \alpha_3 GDPGrowth_t + \mu \qquad (4-5)$$

其中，$GuaOp$ 取值为 1，表示公司上一年度被出具涉及担保事项的非标意见，取值为 0，表示公司获得标准无保留意见。$FirmCha$ 为影响担保的公司特征变量，包括资产负债率（Leverage）、资产收益率（ROA）、公司规模（Size）、固定资产比例（Tangibility）、产权性质（SOE）、第一大股东持股比例（Shrcr1）、是否 ST（ST），并采用 GDP 实际增长率（GDPGrowth）控制商业周期的影响。被解释变量、解释变量以及控制变量的定义及描述如表 4-1 所示。

[①] 本章处理组样本较少，而对照组样本很多，为平衡匹配的偏误与方差，选择 1∶10 最邻近匹配法，对照组样本可重复匹配，卡尺选择 0.05。

第4章 审计质量对企业担保掏空行为的抑制效应研究

表 4-1　　　　　　　　　　主要变量定义表

变量类型	变量名称	变量符号	变量描述
被解释变量	累计异常收益率	CAR	利用 Ball 和 Brown（1968）方法计算得出 [-5,5] 日窗口期上市公司提供担保的累计异常收益率
解释变量（审计投入质量）	国际四大	Big4	当审计师为"国际四大"时，取值为1，否则为0
解释变量（审计投入质量）	十大	Big10	根据 2007—2016 年中注协发布的"会计师事务所综合评价前百家信息"，历年排名前十名的会计师事务所为当年的"十大"，当审计师为"十大"时，取值为1，否则为0
解释变量（审计产出质量）	审计意见类型	GuaOp	当公司上一年度审计意见为涉及提供担保事项的非标意见时，取值为1，通过 PSM 获得标准无保留意见的观测取值为0
控制变量	资产负债率	Leverage	公司期末总负债/公司期末总资产
控制变量	资产收益率	ROA	公司净利润/公司期末总资产
控制变量	公司规模	Size	公司期末总资产的自然对数
控制变量	固定资产比例	Tangibility	公司期末固定资产净额/公司期末总资产
控制变量	产权性质	SOE	公司最终控制人的虚拟变量，若公司最终控制人为国家、地方政府及相关职能部门，取值为1，否则为0
控制变量	所有权集中度	Shrcr1	第一大股东持股比例
控制变量	是否ST	ST	若公司当期任一交易日出现交易状态为ST，取值为1，否则为0
控制变量	GDP 增长率	GDPGrowth	GDP 实际增长率

4.2.3 样本选择与数据来源

本章会计师事务所规模数据来自中国注册会计师协会2007—2016年公布的"会计师事务所综合评价前百名信息"的排名数据,每年排名前十名的会计师事务所为当年的"十大"。其中,对于审计当年停业的事务所,采用该事务所上一年的排名数据;对于审计当年与其他事务所合并的,采用合并后的事务所排名;对于不在前百名中的,视为缺失值。审计报告数据来自国泰安(CSMAR)财务报表审计意见数据库,本章对审计意见按照审计意见类型进行分类。审计意见数据时间范围为2006—2015年会计年度,其间,在我国A股上市公司21344个"公司—年度"观测样本中,共有1113个样本获得非标意见,占比5.21%,其中包含390家公司,占所有公司(共3175家)的12.28%。

担保事件数据来自锐思担保事件数据库。《120号通知》要求公司对外提供担保必须通过董事会决议且及时披露担保事项的相关信息,解决了一直以来担保事件不为广大投资者所知而带来的信息不对称问题,为本章研究上市公司担保事件提供了数据支撑。由于《120号通知》于2006年1月开始正式实施,为确保数据统计口径的一致性,本章采用2007—2016年担保首次公告数据作为担保事件研究的客体。根据《企业会计准则第13号——或有事项》以及《120号通知》的要求,选择提供担保主体为本公司和子公司的担保事件。同时,由于《120号通知》明确指出"金融类上市公司不适用本通知规定",本章剔除金融类公司的样本。

将审计意见数据与担保数据合并后,进一步对审计意见类型按照是否涉及提供担保事项划分。上市公司发布提供担保公告前一年度共有21527个样本的审计意见类型非空,其中有492个非标审计意见,占比2.29%;将其按照"是否涉及公司提供担保事项"划分,有60个样本涉及公司提供担保事项。对这60个样本进一步区分非意见类型,"无法表示审计意见"有 8 个,"无保留意见加事项段"有 45 个,"保留意见"和"保留意见加事项段"共有 7 个。60 个涉及担保事项的非标意见样本分布在制造业、信息技术业、批发和零售贸易业、房地产业和社会服务业 5 个行业。

公司财务数据、股票数据以及公司最终控制人数据均来自国泰安(CSMAR)数据库。公司财务数据采用当年的年末值,并删除财务数据缺失的样本,剔除变量缺失的观测值后,本章得到 2007—2016 年共 21740 个担保事件及审计质量数据。我们对所有连续性变量在 0.1% 和 99.9% 水平上做了缩尾处理。

4.3 审计质量影响效应的实证结果分析

4.3.1 描述性统计分析

我国上市公司提供担保累计异常收益率、审计质量代理变量以及控制变量的描述性统计分析如表 4 – 2 所示。

表 4 – 2　　　　变量描述性统计分析表

Panel A:全样本变量描述性统计					
变量名称	观测值	平均值	标准差	最小值	最大值
CAR	21740	–0.005	0.093	–0.866	0.506
Big4	21740	0.061	0.239	0.000	1.000
Big6	21740	0.458	0.498	0.000	1.000
Big10	21740	0.519	0.500	0.000	1.000
Leverage	21740	0.552	0.190	0.044	1.501
ROA	21740	0.029	0.051	–0.476	0.295
Size	21740	22.461	1.262	19.238	27.250
Tangibility	21740	0.224	0.172	0.001	0.832

续表

	Panel A：全样本变量描述性统计				
变量名称	观测值	平均值	标准差	最小值	最大值
SOE	21740	0.449	0.497	0.000	1.000
Shrcr1	21740	0.343	0.151	0.036	0.894
ST	21740	0.031	0.172	0.000	1.000
GDPGrowth	21740	0.085	0.019	0.067	0.142
	Panel B：PSM样本变量描述性统计				
GuaOp	254	0.217	0.413	0.000	1.000
Leverage	254	0.754	0.170	0.410	1.501
ROA	254	0.006	0.086	-0.476	0.295
Size	254	22.269	1.210	19.564	24.843
Tangibility	254	0.273	0.222	0.001	0.832
SOE	254	0.472	0.500	0.000	1.000
Shrcr1	254	0.390	0.166	0.129	0.894
ST	254	0.598	0.491	0.000	1.000
GDPGrowth	254	0.095	0.024	0.067	0.142

表4-2的Panel A为全样本变量的描述性统计结果。由表中可知，我国上市公司提供担保造成的价值损失平均为0.5%（CAR均值为-0.005），价值损失最大达到了86.6%，而价值增加最大可以达到50.6%，表明我国上市公司提供担保带来的经济后果有巨大差异。选择聘请"十大"审计师的样本为11279个，其中聘请"国际四大"的有1319个，聘请"本土六大"的有9960个，占比分别为52%、6%和46%。样本数据的平均资产负债率（Leverage）为55.2%，最小值为4.4%，最大值为150%，表明上市公司的资产负债率差异很大，部分公司处于资不抵债的状态。样本数据的平均资产收益率（ROA）为2.9%，最低收益率为-47.6%，最高收益率为29.5%。公司规模（Size）的最小值为19.2，最大值

为 27.3，均值为 22.5，说明提供担保的上市公司规模较大。对于产权性质（SOE）来说，国有企业在样本数据中占比约为 45%。第一大股东持股比例在公司之间差异巨大，最少占比 3.6%，最高占比为 89.4%，平均占比为 34.3%。表 4-2 的 Panel B 为经过 PSM 处理后的样本描述性统计结果，总样本量为 254，其中，上一年度被出具涉及担保事项的非标意见（GuaOp = 1）的样本为 55 个①。

2007—2016 年上市公司聘请不同审计师的 CAR 均值年度变化趋势如图 4-2 所示。由图中可知部分年份（2008—2014 年）聘请"国际四大"的上市公司提供担保的 CAR 均值明显高于聘请"本土六大"和非"十大"，而"本土六大"组与非"十大"组的 CAR 均值变化趋势相近。

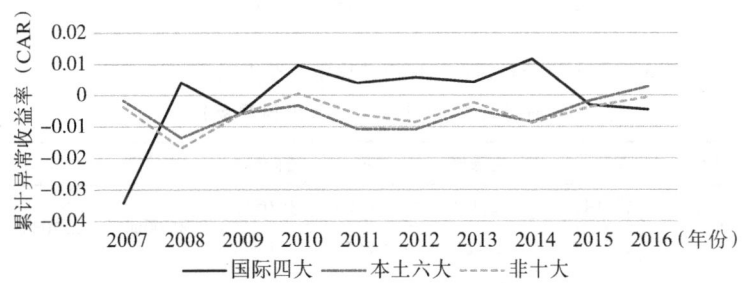

图 4-2　2007—2016 年聘请不同审计师的公司提供担保累计异常收益率（CAR）均值趋势图

利用分组 T 检验比较聘请不同审计师的公司提供担保的累计异常收益率（CAR）均值差异，五组检验结果如表 4-3 所示。由表中可以看出，对于第一组"国际四大"与非"国际四大"，聘请"国际四大"的公司提供担保的 CAR 均值为 0.0010，在 5% 水平下

---

① 在 PSM 过程中，有 5 个样本没有匹配到对照组样本，故舍去。

显著高于没有聘请"国际四大"的公司提供担保的 CAR 均值 -0.0050;而第二组"十大"与非"十大"两组之间 CAR 均值分别为 -0.0040 和 -0.0050,在统计学意义上没有显著差异;第三组是代表较高审计投入质量的"国际四大"与"本土六大"比较,发现聘请"国际四大"的公司提供担保 CAR 均值在 5% 水平下显著高于聘请"本土六大"的公司;第四组是"本土六大"与非"十大",两组之间 CAR 均值也没有显著差异;第五组是代表最高审计投入质量的"国际四大"与较低审计投入质量的非"十大"比较,"国际四大"组的 CAR 均值在 5% 水平下显著高于非"十大"组。上述结果表明,只有"国际四大"组的 CAR 均值为正,且显著高于其他组,说明聘请"国际四大"作为审计师的上市公司提供担保能为公司带来价值,从描述性统计来看,聘请"国际四大"能够有效提高担保的价值,抑制担保掏空行为。

表4-3 上市公司提供担保累计异常收益率(CAR)分组T检验(审计投入质量视角)

组别	事务所	观测值	均值	标准差	均值差	T值
I	国际四大	1319	0.0010	0.0810	0.0060	2.2080**
	非国际四大	20421	-0.0050	0.0940		
II	十大	11279	-0.0040	0.0940	0.0010	0.9400
	非十大	10461	-0.0050	0.0920		
III	国际四大	1319	0.0010	0.0810	0.0060	2.0280**
	本土六大	9960	-0.0050	0.0950		
IV	本土六大	9960	-0.0049	0.0950	0.0005	0.4100
	非十大	10461	-0.0054	0.0920		
V	国际四大	1319	0.0010	0.0810	0.0060	2.2860**
	非十大	10461	-0.0050	0.0920		

注:*、**、*** 分别代表 10%、5%、1% 的显著性水平,双尾检验。

审计产出质量视角上市公司担保公告累计异常收益率（CAR）分组 T 检验结果如表 4-4 所示。表 4-4 的 Panel A 为全样本中不同审计意见类型下公司在第二年提供担保的累计异常收益率（CAR）均值 T 检验：在 Panel A 组 I 中，按照前一年度获得的审计意见类型将上市公司提供担保事件分为"标准无保留意见"和"涉及担保事项的非标意见"两类，涉及担保事项的非标意见的 CAR 均值为 0.001，高于标准无保留意见的 -0.004，但在统计学意义上不显著；在组 II 中，将担保事件按照"是否被出具涉及担保事项的非标意见"分为两类，涉及担保事项的非标意见的 CAR 均值为 0.001，高于不涉及担保事项的非标意见，其差异在统计学意义上不显著；在组 III 中，将担保事件分为"非标审计意见"和"标准无保留意见"两类，非标审计意见的 CAR 均值为 -0.011，在 10% 的水平下显著低于标准无保留意见的 CAR 均值 -0.004。

表 4-4　上市公司提供担保累计异常收益率（CAR）分组 T 检验（审计产出质量视角）

组别	审计意见类型	观测值	均值	标准差	均值差	T 值
Panel A：全样本							
I	涉及担保事项的非标意见	60	0.001	0.084	0.005	0.401
I	标准无保留意见	21035	-0.004	0.089	0.005	0.401
II	涉及担保事项的非标意见	60	0.001	0.084	0.013	0.941
II	不涉及担保事项的非标意见	432	-0.012	0.106	0.013	0.941
III	非标审计意见	492	-0.011	0.103	-0.007	-1.739*
III	标准无保留意见	21035	-0.004	0.089	-0.007	-1.739*
Panel B：PSM 配对样本							
I	涉及担保事项的非标意见	55	0.006	0.078	0.037	1.843*
I	标准无保留意见	199	-0.031	0.144	0.037	1.843*

注：*、**、*** 分别代表 10%、5%、1% 的显著性水平，双尾检验。

表4-4 Panel B 为经过 PSM 处理后不同审计意见类型下公司在第二年提供担保的累计异常收益率（CAR）均值 T 检验：在 Panel B 的组 I 中，涉及担保事项的非标意见组的 CAR 均值为 0.006，在 10% 水平上显著高于标准无保留意见组的 CAR 均值 -0.031。上述结果表明，只有当审计意见涉及公司提供担保事项时，审计报告才能发挥信息威慑作用，而未提及担保事项的非标审计意见，其并不能抑制担保掏空的行为。

4.3.2 利用多元回归模型测算影响效应

（1）审计投入质量对担保掏空行为影响效应测算

表4-5 中列（1）和列（2）分别为国际四大（Big4）和十大（Big10）对担保掏空行为经济后果影响的行业固定效应回归结果。可以看到，Big4 和 Big10 的系数分别为 -0.0001 和 -0.0003，对提供担保累计异常收益率的影响均不显著。对于各控制变量，公司规模（Size）和资产收益率（ROA）能显著提高提供担保的累计异常收益率，而股票当年出现过 ST 的公司提供担保的累计异常收益率显著降低。

表4-5 审计投入质量对提供担保经济后果影响效应的两阶段检验结果

模型	(1)	(2)	(3)	(4)	(5)	(6)
	行业固定效应		第一阶段：选择模型		第二阶段：行业固定效应	
解释变量	国际四大	十大	国际四大	十大	国际四大	十大
Big4	-0.0001				-0.0001	
	(-0.042)				(-0.043)	
Big10		-0.0003				-0.0002
		(-0.255)				(-0.136)
Size	0.0030***	0.0030***	0.6070***	0.2780***	0.0010	0.0040***
	(4.211)	(4.455)	(36.256)	(29.917)	(0.702)	(3.600)

续表

模型	(1)	(2)	(3)	(4)	(5)	(6)
	行业固定效应		第一阶段：选择模型		第二阶段：行业固定效应	
解释变量	国际四大	十大	国际四大	十大	国际四大	十大
$Leverage$	-0.0020	-0.0020	-1.2340***	-0.4230***	0.0030	-0.0040
	(-0.418)	(-0.420)	(-9.161)	(-6.850)	(0.467)	(-0.728)
ROA	0.0370**	0.0370***	2.8490***	-0.8510***	0.0300*	0.0350**
	(2.574)	(2.576)	(6.153)	(-4.247)	(1.717)	(2.463)
$Agency$			5.4600***	7.1900***		
			(7.316)	(18.232)		
$Turnover$			0.1740***	0.0270		
			(4.744)	(1.419)		
$CurRatio$			-1.2440***	0.1760***		
			(-12.508)	(3.279)		
$Loss$			-0.1220*	0.0180		
			(-1.692)	(0.557)		
$Shrcr10$			0.0020**	0.0040***		
			(2.067)	(7.220)		
$Tangibility$	0.0010	0.0010			-0.0010	0.0010
	(0.226)	(0.226)			(-0.219)	(0.135)
SOE	-0.0003	-0.0003			-0.0003	-0.0003
	(-0.209)	(-0.210)			(-0.211)	(-0.193)
$Shrcr1$	-0.0060	-0.0060			-0.0057	-0.0043
	(-1.267)	(-1.253)			(-1.290)	(-0.962)
ST	-0.0100**	-0.0100***			-0.0100**	-0.0100**
	(-2.576)	(-2.581)			(-2.285)	(-2.548)
$GDPGrowth$	-0.0030	-0.0040			-0.0120	-0.0070
	(-0.073)	(-0.118)			(-0.313)	(-0.195)
IMR					-0.0030	0.0060
					(-0.841)	(0.974)

续表

模型	(1)	(2)	(3)	(4)	(5)	(6)
	行业固定效应		第一阶段：选择模型		第二阶段：行业固定效应	
解释变量	国际四大	十大	国际四大	十大	国际四大	十大
Industry dummies/ Industry FE	控制	控制	控制	控制	控制	控制
常数项	-0.0680*** (-4.357)	-0.0680*** (-4.609)	-15.4950*** (-33.926)	-6.3830*** (-30.457)	-0.0270 (-0.538)	-0.0890*** (-3.408)
Obs.	21740	21740	21179	21740	21179	21740
Pseudo R^2/R^2	0.002	0.002	0.277	0.055	0.002	0.002
Adj. R^2	0.001	0.001	—	—	0.001	0.001
chi^2/F	5.48***	5.49***	2737.08***	1642.49***	4.74***	5.04***

注：括号中为系数的 t 值，*、**、*** 分别代表 10%、5%、1% 的显著性水平，双尾检验。

由于高质量的审计师可能会因为规避风险而选择客户，因此，模型可能会存在样本选择问题（于李胜、王艳艳和陈泽云，2008）。表 4-5 的列（3）—（6）为两阶段回归结果，其中列（3）和列（4）分别为是否聘请"国际四大"和"十大"的审计师选择模型（模型（1）），列（5）和列（6）为控制了模型（1）回归后得到的 IMR 后的行业固定效应模型（模型（2））。在审计师选择模型中，与 Chaney、Jeter 和 Shivakumar（2004），Xu、Zhang 和 Xie（2020），Zhang 等（2019）结果一致，即公司规模越大、资产负债率越低、资产周转率越高，越倾向于选择"国际四大"或"十大"等高质量的审计师；公司代理成本越高，公司对聘请高质量审计师来降低代理成本的需求越高（Defond，1992；韩东京，2008），表 4-5 中列（3）和列（4）中衡量代理成本的变量 Agency 和 Shrcr10 的回归系数显著为正，与该结论一致。

对于第二阶段的回归结果，在控制了 IMR 后，"国际四大"和

第4章 审计质量对企业担保掏空行为的抑制效应研究

"十大"对提供担保累计异常收益率的影响依然不显著。结合上述分析,表4-5的结果表明,公司聘请的高质量审计师("国际四大"和"十大")对公司当期担保掏空行为没有显著影响,并没有发挥出外部审计的治理作用。假设1没有得到支持。

(2) 审计产出质量对担保掏空行为影响效应测算

为检验审计师出具的非标意见是否对上市公司的担保掏空行为有威慑作用,本章依据上一年度审计意见中是否涉及担保事项,进行倾向得分匹配,检验涉及担保事项的非标意见的处理效应,结果如表4-6所示。

表4-6　　　　　配对样本的平衡性检验结果

变量		均值		标准化偏差(%)	T检验	
		处理组	对照组		T值	P值
Size	匹配前	22.147	22.483	-23.8	-2.06**	0.039
	匹配后	22.291	22.107	13.0	0.69	0.489
ROA	匹配前	0.009	0.030	-20.9	-3.33***	0.001
	匹配后	-0.001	0.010	-11.1	-0.66	0.514
Leverage	匹配前	0.804	0.550	104.4	10.57***	0.000
	匹配后	0.741	0.741	0.1	0.01	0.992
Tangibility	匹配前	0.261	0.223	22.8	1.73*	0.084
	匹配后	0.254	0.291	-22.1	-0.92	0.358
SOE	匹配前	0.417	0.451	-6.9	-0.53	0.594
	匹配后	0.436	0.490	-10.7	-0.55	0.580
Shrcr1	匹配前	0.406	0.344	40.6	3.21***	0.001
	匹配后	0.419	0.375	28.7	1.43	0.155
ST	匹配前	0.550	0.025	141.5	25.83***	0.000
	匹配后	0.509	0.567	-15.6	-0.60	0.547
GDPGrowth	匹配前	0.097	0.085	56.4	4.99***	0.000
	匹配后	0.096	0.092	16.9	0.84	0.405

注:*、**、***分别代表10%、5%、1%的显著性水平,双尾检验。

中国上市公司担保行为的影响因素及其效应研究

表4-6为平衡性检验结果,显示相关控制变量的标准化偏差在匹配之后没有显著差异,以公司规模(Size)为例,配对前处理组均值为22.147,对照组均值为22.483,标准化偏差为-23.8%,差异在5%水平上显著;配对后处理组均值为22.291,对照组均值为22.107,其标准化偏差降为13%,组间差异不显著。表4-7为ATT处理效应表,非标担保组的CAR均值为0.006,对照组的CAR均值为-0.027,处理组平均处理效应(ATT)为0.033,在5%的水平上显著,说明在控制了公司其他特征的影响后,平均而言,上一年度被出具涉及担保事项的非标意见的上市公司在本年度提供担保的累计异常收益率比被出具标准无保留意见的公司高出3.3%。

表4-7　　　　　PSM匹配后的ATT效应

变量	匹配方法	处理组	对照组	ATT	标准误	T值
GuaOp	1:10最邻近匹配	0.006	-0.027	0.033	0.017	1.970**

注:*、**、***分别代表10%、5%、1%的显著性水平,双尾检验。

表4-8列示了实证模型(4-2)的回归结果,GuaOp的系数为0.041,在5%水平上显著,表明被出具涉及担保事项的非标意见会使公司下一年度提供担保的累计异常收益率显著增加4.1%,说明审计师出具的涉及担保事项的非标意见对上市公司的担保行为有威慑作用,可以抑制大股东通过担保掏空公司,实证结果支持假设2①。

---

① 《中国注册会计师审计准则》于2010年修订,2010版准则自2012年1月1日起正式施行。在2010版准则中,第1502号文件修订为《在审计报告中发表非无保留意见》,并颁布《中国注册会计师审计准则第1503号——在审计报告中增加强调事项段和其他事项段》。王丽和刘红芬对2006版和2010版准则的比较,认为2010版准则提高了审计报告信息含量。本章对2012年及以后的样本进行检验,发现审计产出质量对提供担保累计异常收益率反而没有显著影响,因此,我们认为2010年修订的准则对本章结果没有显著影响。

第4章 审计质量对企业担保掏空行为的抑制效应研究

表4-8 审计产出质量对提供担保经济后果影响效应的回归结果（OLS）

变量	CAR	变量	CAR
$GuaOp$	0.041**	$Shrcr1$	-0.107*
	(2.041)		(-1.957)
$Size$	0.001	ST	-0.024
	(0.099)		(-1.142)
ROA	-0.089	$GDPGrowth$	-0.348
	(-0.735)		(-0.902)
$Leverage$	0.025	常数项	-0.008
	(0.383)		(-0.046)
$Tangibility$	0.025	Obs.	254
	(0.594)	R^2	0.075
SOE	0.049**	Adj. R^2	0.040
	(2.512)	F 值	2.181**

注：括号中为系数的 t 值，*、**、*** 分别代表 10%、5%、1% 的显著性水平，双尾检验。

4.3.3 影响效应的稳健性检验

（1）审计投入质量对担保掏空行为影响效应的稳健性检验

在稳健性检验中，本章首先采用 OLS 对主回归模型进行检验，然后以其他代理变量衡量审计投入质量，采用固定效应回归考察审计投入质量对上市公司提供担保的影响。回归结果如表4-9所示，列（1）—（4）是对主回归模型的单阶段模型和两阶段模型的第二阶段进行 OLS 回归，结果显示"国际四大"和"十大"对提供担保累计异常收益率的影响依然不显著，与主回归结果一致；列（5）和列（6）分别将审计投入质量等级变量（$Rank$）和审计费用（Auditfee）（Aobdia，2019；肖作平，2006）① 作为审计投入质量的代理变量进行检验，结果显示，较高的审计投入质量对提供担保累计异常收益率没有显著影响，与主回归结果一致。

表4-9 审计投入质量对提供担保经济后果影响效应的检验结果（稳健性检验）

模型	(1)	(2)	(3)	(4)	(5)	(6)
	单阶段：OLS		第二阶段：OLS		行业固定效应	
解释变量	国际四大	十大	国际四大	十大	审计投入质量等级	审计费用
Big4	-0.0001		-0.0001			
	(-0.042)		(-0.043)			
Big10		-0.0003		-0.0002		
		(-0.255)		(-0.137)		
Rank					-0.0003	
					(-0.231)	
Auditfee						0.0010
						(0.602)
Size	0.0030***	0.0030***	0.0010	0.0040***	0.0030***	0.0030***
	(4.211)	(4.455)	(0.702)	(3.600)	(4.389)	(2.625)
Leverage	-0.0020	-0.0020	0.0030	-0.0040	-0.0020	-0.0020
	(-0.418)	(-0.420)	(0.467)	(-0.728)	(-0.429)	(-0.368)
ROA	0.0370**	0.0370***	0.0300*	0.035**	0.0370***	0.0400***
	(2.574)	(2.576)	(1.717)	(2.463)	(2.576)	(2.723)
Tangibility	0.0010	0.0010	-0.0010	0.0010	0.0010	0.0010
	(0.226)	(0.226)	(-0.219)	(0.135)	(0.227)	(0.111)

① Aobdia（2019）发现审计费用这一衡量指标与PCAOB（美国公众公司会计监管委员会）和事务所内部检查的结果显著一致，表明审计费用能有效地替代审计质量。本章以审计费用的自然对数衡量审计投入质量，审计费用越高，表明审计投入质量越高（肖作平，2006）。

续表

模型	(1) 单阶段：OLS 国际四大	(2) 单阶段：OLS 十大	(3) 第二阶段：OLS 国际四大	(4) 第二阶段：OLS 十大	(5) 行业固定效应 审计投入质量等级	(6) 行业固定效应 审计费用
解释变量						
SOE	-0.0003 (-0.209)	-0.0003 (-0.210)	-0.0003 (-0.211)	-0.0003 (-0.193)	-0.0003 (-0.208)	-0.0002 (-0.114)
$Shrcr1$	-0.0060 (-1.267)	-0.0060 (-1.253)	-0.0060 (-1.290)	-0.0040 (-0.962)	-0.0060 (-1.257)	-0.0030 (-0.751)
ST	-0.010** (-2.576)	-0.0100*** (-2.581)	-0.0090** (-2.285)	-0.0100** (-2.548)	-0.0100*** (-2.577)	-0.0090** (-2.441)
$GDPGrowth$	-0.0030 (-0.073)	-0.0040 (-0.118)	-0.0120 (-0.313)	-0.0070 (-0.195)	-0.0040 (-0.099)	0.0240 (0.610)
IMR			-0.0030 (-0.841)	0.006 (0.974)		
Industry dummies/ Industry FE	控制	控制	控制	控制	控制	控制
常数项	-0.0620*** (-3.863)	-0.0620*** (-4.077)	-0.0180 (-0.349)	-0.0820*** (-3.168)	-0.0680*** (-4.604)	-0.0720*** (-4.572)
Obs.	21740	21740	21179	21740	21740	20697
R^2	0.004	0.004	0.004	0.004	0.002	0.002
Adj. R^2	0.003	0.003	0.003	0.003	0.001	0.001
F 值	4.055***	4.058***	4.044***	3.910***	5.490***	5.171***

注：括号中为系数的 t 值，*、**、*** 分别代表 10%、5%、1% 的显著性水平，双尾检验；列（1）—（4）是对主回归模型的单阶段模型和两阶段模型的第二阶段进行 OLS 回归，列（5）将审计投入质量等级变量（Rank）作为自变量，"国际四大"赋值为 3，"本土六大"赋值为 2，非"十大"赋值为 1；列（6）将审计费用（Auditfee）作为审计投入质量的代理变量。

(2) 审计产出质量对担保掏空行为影响效应的安慰剂检验

为了考察是非标意见中的担保信息表达对公司的担保掏空行为产生了威慑作用,还是非标意见本身对担保掏空现象有抑制作用,本章对审计产出质量对担保掏空行为影响效应进行安慰剂检验。由于审计报告中提及具体审计对象信息能够提高审计报告质量,在安慰剂检验中,处理组为上一年度被出具"不涉及担保事项的非标意见"的公司担保样本(变量 Op 取值为 1),采用 1∶10 最邻近匹配法对上一年度被出具"标准无保留意见"的对照组公司担保样本(变量 Op 取值为 0)进行匹配,匹配后的样本数为 2143 个,其中处理组样本有 425 个,对照组样本有 1718 个。安慰剂检验结果如表 4-10 和表 4-11 所示。表 4-10 中处理组的 CAR 均值为 -0.013,对照组的 CAR 均值为 -0.012,ATT 平均处理效应为 -0.001,在统计学意义上不显著;OLS 回归结果在表 4-11 中显示,Op 的系数为 -0.005,在统计学意义上不显著,安慰剂检验没有通过,表明不涉及担保事项的非标意见对公司担保掏空行为没有显著影响,说明非标审计意见中对担保的信息表达确实起到威慑作用。

表 4-10　PSM 匹配后的 ATT 效应 (安慰剂检验)

变量	匹配方法	处理组	对照组	ATT	标准误	T 值
Op	1∶10 最邻近匹配	-0.013	-0.012	-0.001	0.006	-0.190

注:*、**、*** 分别代表 10%、5%、1% 的显著性水平,双尾检验。

表 4-11　审计产出质量对提供担保的影响效应
(安慰剂检验,OLS)

变量	CAR	变量	CAR
Op	-0.005	$Shrcr1$	-0.014
	(-1.019)		(-0.854)
$Size$	0.003	ST	-0.002
	(1.319)		(-0.261)

续表

变量	CAR	变量	CAR
ROA	0.025	GDPGrowth	0.110
	(0.906)		(1.029)
Leverage	-0.018	常数项	-0.061
	(-1.411)		(-1.255)
Tangibility	0.004	Obs.	2143
	(0.321)	R^2	0.006
SOE	-0.007	Adj. R^2	0.002
	(-1.487)	F值	1.387

注：括号中为系数的 t 值，*、**、*** 分别代表 10%、5%、1% 的显著性水平，双尾检验。

4.3.4 影响效应的进一步检验

(1) 审计投入质量对担保掏空行为影响效应的进一步检验[①]

图 4-2 显示，2007 年聘请"国际四大"的公司提供担保累计异常收益率均值明显低于聘请"本土六大"和非"十大"的公司，经过分组 T 检验（见表 4-12），发现该差异在 5% 的水平上显著。本章进一步对 2007 年子样本进行如实证模型（1）和实证模型（2）所示的两阶段检验，检验结果如表 4-13 中列（1）和列（2）所示。由于 2007 年"国际四大"样本较少，本章以聘请"国际四大"的公司担保样本为处理组，以"本土六大"和非"十大"为

---

① 本章还检验了下列样本中聘请"国际四大"对公司提供担保累计异常收益率的影响：第一，2008—2016 年的担保事件子样本；第二，在全样本中，以"国际四大"为处理组，以非"十大"为对照组，经过 PSM 处理后得到的配对样本；第三，区分关联担保事件样本和非关联担保事件样本。研究结果皆与主检验一致，即聘请"国际四大"对提供担保累计异常收益率没有显著影响。由于篇幅限制，此外不再赘述。

对照组,进行 1:10 最邻近匹配①,匹配后的样本量为 280 个,其中处理组样本有 66 个,对照组样本有 214 个,配对样本回归结果如表 4-13 中列(3)所示。表 4-13 的结果表明,聘请"国际四大"会显著降低提供担保的累计异常收益率。

表 4-12   上市公司提供担保累计异常收益率
(CAR) 分组 T 检验 (2007 年)

组别	事务所	观测值	均值	标准差	均值差	T 值
Ⅰ	国际四大	76	-0.034	0.145	-0.032	2.017**
	本土六大	259	-0.002	0.116		
Ⅱ	国际四大	76	-0.034	0.145	-0.031	2.112**
	非十大	1004	-0.004	0.119		

注:*、**、*** 分别代表 10%、5%、1% 的显著性水平,双尾检验。

基于 2007 年子样本的检验结果,本章认为聘请"国际四大"可能是担保掏空严重的公司粉饰其掏空行为的一种方式②。由于审计鉴证业务的局限性,审计师只能对报表范围内数据的真实性负责,难以发现公司提供担保背后的掏空动机。因此,担保掏空严重的公司可能通过聘请"国际四大"向公司外部的利益相关方释放出积极信号,以掩盖更为隐蔽的掏空行为。这也进一步说明审计投入质量对第二类委托代理问题难以发挥治理作用。

---

① 配对特征变量选择一系列影响公司选择高质量审计师的变量,包括公司规模(Size)、资产周转率(Turnover)、资产负债率(Leverage)、流动比率(CurRatio)、资产收益率(ROA)、公司是否处于财务困境(Loss)、公司内部的代理成本(Agency)、公司前十大股东持股比例(Shrcr10)。对照组样本可重复匹配,卡尺选择 0.05。

② Lys、Naughton 和 Wang (2015) 提出,企业通过积极履行企业社会责任向企业外部释放积极信号,使外部利益相关方能对企业未来经营状况保持乐观。李四海、陈旋和宋献(2018)发现,在中国制度背景下,当企业业绩下滑时,管理层会更多地通过盈余管理这种"思骗"方式粉饰企业业绩。参考 Lys、Naughton 和 Wang (2015) 和李四海、陈旋和宋献(2018)的研究,笔者认为,聘请"国际四大"可能是担保掏空严重的公司粉饰其掏空行为的一种方式。

第4章 审计质量对企业担保掏空行为的抑制效应研究

表4-13 审计投入质量对提供担保影响效应的检验结果（2007年）

模型	(1) 第一阶段：选择模型	(2) 第二阶段：行业固定效应	(3) 单阶段：PSM
Big4		-0.031** (-1.994)	-0.033* (-1.894)
Size	0.793*** (8.390)	0.024** (2.190)	-0.003 (-0.285)
Leverage	-1.358** (-2.089)	-0.035 (-1.027)	-0.048 (-0.796)
ROA	1.876 (1.031)	0.225*** (3.028)	0.149 (0.780)
Agency	7.531*** (2.731)		
Turnover	-0.089 (-0.451)		
CurRatio	-0.528 (-1.152)		
Loss	-0.027 (-0.070)		
Shrcr10	0.017*** (3.197)		
Tangibility		0.036 (1.494)	0.099*** (2.717)
SOE		0.002 (0.295)	-0.007 (-0.442)
Shrcr1		0.034 (1.212)	0.035 (0.685)
ST		-0.016 (-0.870)	-0.158* (-1.905)

117

续表

模型	(1) 第一阶段：选择模型	(2) 第二阶段：行业固定效应	(3) 单阶段：PSM
IMR		0.037**	
		(2.376)	
Industry dummies/ Industry FE	控制	控制	不控制
常数项	-19.482***	-0.62**	0.035
	(-9.631)	(-2.351)	(0.180)
Obs.	1216	1241	280
Pseudo R^2/R^2	0.315	0.014	0.061
Adj. R^2	—	0.0001	0.034
chi^2/F	179.017***	1.902**	2.215**

注：括号中为系数的 t 值，*、**、*** 分别代表 10%、5%、1% 的显著性水平，双尾检验。

（2）审计投入质量变更对担保掏空行为的影响效应检验

本章利用样本当年和上一年的审计投入质量等级（Rank）变化，识别当年上市公司聘请的会计师事务所是否发生变更，考察审计投入质量变化（区分为正向和负向质量变更）是否对当年担保掏空行为产生影响。样本数据的审计投入质量变更方向和类型如表 4-14 所示。

表 4-14　　审计投入质量变更方向和类型

审计投入质量变更方向	审计投入质量变更类型	样本观测值	比例
没有变更		18808	87.38%
正向审计投入质量变更	由非"十大"变为"本土六大"	1667	7.75%
	由"本土六大"变为"国际四大"	33	0.15%
	由非"十大"变为"国际四大"	62	0.29%

续表

审计投入质量变更方向	审计投入质量变更类型	样本观测值	比例
负向审计投入质量变更	由"国际四大"变为非"十大"	24	0.11%
	由"国际四大"变为"本土六大"	45	0.21%
	由"本土六大"变为非"十大"	884	4.11%
	合计	21523	100%

由于每年中注协公布的"十大"排名会发生变化，致使审计投入质量在"本土六大"和非"十大"之间的变动并不一定意味着公司更换了会计师事务所，因此本章仅检验由"国际四大"变更为"本土六大"或非"十大"的负向审计投入质量变更，以及由"本土六大"或非"十大"变更为"国际四大"的正向审计投入质量变更，是否对该年度公司提供担保的累计异常收益率有影响，检验结果如表 4-15 所示。表 4-15 中，自变量 Up_change 表示正向审计投入质量变更，$Down\_change$ 表示负向审计投入质量变更①。表 4-14 结果表明，审计投入质量变化对公司提供担保的累计异常收益率没有显著影响。

表 4-15 审计投入质量变更对提供担保影响效应的检验结果

变量	(1)	(2)
Up_change	-0.004 (-0.469)	
$Down\_change$		-0.003 (-0.298)
$Size$	0.002*** (3.450)	0.002*** (3.307)
$Leverage$	-0.006 (-1.270)	-0.006 (-1.314)

---

① 审计投入质量由"本土六大"或非"十大"变更为"国际四大"时，Up_change 取值为 1，审计投入质量没有变更时，Up_change 取值为 0；审计投入质量由"国际四大"变更为"本土六大"或非"十大"时，$Down\_change$ 取值为 1，审计投入质量没有变更时，$Down\_change$ 取值为 0。

续表

变量	(1)	(2)
ROA	0.039*** (2.663)	0.039*** (2.687)
Tangibility	0.001 (0.107)	0.001 (0.120)
SOE	-0.001 (-0.436)	-0.001 (-0.358)
$Shrcr1$	-0.001 (-0.165)	-0.0004 (-0.079)
ST	-0.015*** (-3.729)	-0.016*** (-3.852)
GDPGrowth	0.005 (0.134)	0.003 (0.079)
Industry FE	控制	控制
常数项	-0.053*** (-3.487)	-0.051*** (-3.340)
Obs.	18903	18877
R^2	0.003	0.003
Adjusted R^2	0.002	0.002
F 值	5.744***	5.785***

注：括号中为系数的 t 值，*、**、*** 分别代表 10%、5%、1% 的显著性水平，双尾检验。

(3) 当期审计意见类型对担保掏空行为的影响效应检验

为进一步探究审计产出质量的威慑作用是事前行为还是事后行为，本章检验了当期审计意见类型对公司当期提供担保行为的影响，以考察公司是否会预期到被出具非标审计意见的后果而收敛其担保掏空行为。表 4-15 列（1）结果显示，公司在提供担保的当期被出具"涉及担保事项的非标意见"会使提供担保累计异常收益率增加 0.5%，但该影响不显著，说明公司在提供担保时不会考虑到事后可能被出具非标意见而收敛其掏空行为，涉及担保的非标审计意见对担保掏空行为的威慑作用是事后行为。

(4) 审计产出质量变化对担保掏空行为的影响效应检验

本章以相邻两期审计意见变化来衡量审计产出质量变化，进一步检验审计产出质量变化对提供担保累计异常收益率的影响。当公司在上一年度被出具"涉及担保事项的非标意见"在当年度变为"标准无保留审计意见"或"不涉及担保事项的非标意见"时,审计产出质量降低,此时审计意见变化(Opchange)变量取值为1,否则取值为0。检验结果如表4-16列(2)所示,审计意见变化(Opchange)的系数为0.038,表示审计意见变化会使当年度提供担保累计异常收益率增加3.8%,但该影响效果在统计学意义上不显著。

表4-16 当期审计意见类型、审计产出质量变化对提供担保影响效应的检验结果

变量	(1)	(2)
$GuaOp$	0.005 (0.429)	
$Opchange$		0.038 (1.535)
$Size$	0.007 (1.199)	0.002 (0.234)
ROA	-0.009 (-0.306)	0.030 (0.446)
$Leverage$	0.063 (1.182)	-0.094 (-0.777)
$Tangibility$	-0.025 (-0.862)	0.027 (0.641)
SOE	-0.0004 (-0.036)	0.046** (2.330)
$Shrcr1$	-0.030 (-0.732)	-0.100* (-1.842)
ST	0.019 (1.415)	-0.027 (-1.296)
$GDPGrowth$	-0.288 (-1.150)	-0.267 (-0.686)
常数项	-0.120 (-0.845)	-0.037 (-0.199)
Obs.	278	254
R^2	0.040	0.068
Adj. R^2	0.007	0.033
F值	1.226	1.968**

注:括号中为系数的t值,*、**、***分别代表10%、5%、1%的显著性水平,双尾检验。

本章小结

本章通过检验中国 A 股上市公司 2007—2016 年审计质量对提供担保的影响机理和效应，发现高质量的会计师事务所（"国际四大"或者"十大"）并不能抑制担保的价值减损作用，而涉及担保事项的非标审计意见可以起到信息威慑作用。这说明外部审计对担保掏空行为发挥抑制作用的路径是事后信息披露产生的信息威慑作用，而非审计师进驻公司后发挥的治理作用。具体而言，从审计投入质量视角检验外部审计的公司治理功能发现，不论上市公司聘用的事务所是国际四大会计师事务所，还是十大会计师事务所，对上市公司担保后累计异常收益率都没有显著影响，说明事务所审计质量好坏对公司掏空没有抑制作用；从审计产出质量视角检验审计的信息披露功能发现，被出具涉及担保事项的非标意见会显著提高公司下一年度提供担保的累计异常收益率，表明审计师在出具的审计意见中披露担保行为对上市公司的担保掏空行为有一定的威慑作用。该结论表明外部审计虽然能够通过治理作用缓解第一类委托代理问题，但无法缓解第二类委托代理问题；只有提高审计信息披露质量，使投资者知晓公司的掏空行为，才能抑制大股东对中小股东进一步的利益侵占。

本章首先选择担保作为掏空行为的研究对象，采用担保的事件分析法，缓解利用其他应收款和关联交易年末余额作为掏空行为测量指标时将正常的交易也列入掏空行为范围的第二类统计学错误，达到"一事一议"的效果，从而区分了正常交易和掏空行为。其次，深度挖掘了审计质量缓解第二类委托代理问题的机理路径，指出潜在的治理路径和信息监督路径，并通过实证检验发现外部审计缓解第二类委托代理问题的路径是通过增加审计报告信息含量，使投资者明确知道公司的哪些行为会有损于公司股东利益，从而抑制公司继续利用该行为进行掏空。但是，本章研究结果表明，外部审计质量只能起到事后信息披露与威慑作用，而无法预防掏空行为，也无法弥补已有的掏空行为造成的价值损失。

由于高质量审计投入对公司的担保掏空行为没有抑制作用，因此对于第二类委托代理问题，不应依赖外部审计的治理作用，而是应当完善相关法律法规，使公司大股东对小股东的利益侵占行为能够得到有效的事前预防以及事后的追责。同时，由于外部审计可以通过尽可能多地披露上市公司信息来抑制大股东的掏空行为，因此，审计师要充分利用新准则增加的关键审计事项段，增强上市公司大股东行为的透明度，提高审计信息披露质量，切实保护中小股东的利益。

第5章
基准利率影响上市公司担保行为的效应研究

党的十九大报告指出要推动经济持续健康发展，健全金融监管体系，守住系统性金融风险底线。我国货币政策的调控手段处于由直接调控向间接调控、数量型调控向价格型调控的转变过程中，基准利率是我国央行货币政策调控的重要手段。同时，在我国利率市场化改革进程中，金融市场风险压力大，市场面临信息不对称导致资金配给问题，阻碍了企业投融资行为的发展，而担保的核心作用是降低信贷配给。由于我国目前基准利率尚未确立，在货币政策调控上也相对困难，存在政策协调的难题。资本市场快速发展且波动较大，资产价格的影响因素复杂，从基本面判断资本市场走向难度很大。梁琪（2010）构建完整基准收益率曲线进行实证研究，认为央行存贷款基准利率包含了大量的金融市场信息，但没有对该信息作出详细阐述和说明，更不用提对担保市场交易撮合的影响。易纲（2008）指出利率市场化是不可避免的趋势，市场经济能给中国人民带来美好生活。利率市场化的不断发展意味着基准利率将包含越来越多的资本市场的重要信息，这在一定程度上表明研究利率市场化进程下的基准利率对担保市场的影响具有重大价值。本章结合担保市场特征确定适合的基准利率，理论分析推理基准利率对上市公司担保行为的影响机理，同时进一步细分基准利率如何影响上市公司是否对子公司进行担保。以我国2009—2016年沪深A股上

第 5 章 基准利率影响上市公司担保行为的效应研究

市公司的财务数据和上海银行间同业拆放利率（Shibor）作为基准利率的测量指标，实证检验基准利率对上市公司对外担保行为的影响效应。

5.1 基准利率影响上市公司担保行为的理论分析

5.1.1 基准利率影响上市公司对外担保行为机理分析

国外基准利率的研究主要集中在经济环境变化下金融制度的设计和变革适应效率，这对我国当前经济转轨具有重大参考。如 Alchian 和 Klein（1973）、Goodhart（2002）、Cecchetti、Genberg 和 Wadhwani（2002）等认为中央银行应该把广义价格指数作为货币政策目标，其中包括资产价格在内。Hanc（1999）从 19 世纪以来美国银行系统出现漏洞并引发金融危机的角度进行总结，提出监管措施应以尊重市场纪律，善于运用市场力量去控制金融业的负外在性影响，维护公众利益，防范和化解金融风险等目标为导向。Harker 和 Zenios（2000）侧重于美国金融机构的效率、创新和机制，提出鼓励金融创新，让金融业在市场竞争中壮大，国家放开管制加快利率市场化进程有利于降低金融系统风险，提高市场效率。

石会文和严瑞麟（1992）实证分析了同业拆借市场和国民经济发展关联度，并提出同业拆借融资量与国民总产值基本同时同向消长，同业拆借融资量的增长一般表现为同期经济景气，同业拆借融资量的减少一般对应同期经济不景气，这表明资金供求短缺将在一定程度上影响国民经济发展，担保市场的存在有效缓解了这一现象，是资本市场内部的自我完善。方意和方明（2012）对中国货币市场基准利率的确立及其动态关系展开研究，并结合递归方差分解方法量化地考察了利率市场化的成效，提出利率市场化即从现有的利率双轨制完全转变到由微观经济主体依据市场资金供求变动状况实现资金营运、资产定价的过程，这个过程也反映了基准利率的确立以及对基准利率的市场性和基准性两方面的要求。焦瑾璞和朱焕启（1994）认为利率是影响金融同业者之间短期资金融通的重要因素，同业资金拆借市场的完善和发展是建立统一开放、有序竞争、严格管理的金融市场体系的前提。蒋贤锋、王贺和史永东（2008）从资产定价的角度给出了基准利率选择的理论框架，并对我国市场中的利率体系进行研究，认为商业银行存款利率和银行间同业拆借利率、国债回购利率有可能成为市场基准利率，这给予同业拆借利率成为基准利率一种可能性，一定程度上肯定了同业拆借利率的基准性和市场性。叶永刚和陈勃特（2012）选取央票发行利率和 Shibor 作为中国政策利率和市场基准利率的代表，实证研究了政策利率调控对市场基准利率的影响，认为在当前国内呈现明显的"双轨制"特征的特殊局面下，央行公布的政策利率和市场基准利率之间存在着正向的长期均衡关系，当前仍然以央行调控为主导，但随着利率市场化的进程，市场基准利率将包含越来越多资本市场的信息，这时候央行政策利率的制定将逐渐以市场基准利率为参考，最终将实现利率市场化完成阶段时的市场主导局面。冯宗宪、郭建伟和霍天翔等（2009）首先分析了官方基准利率与市场利率并存的"双轨制"，认为市场利率比官方基准利率更合理，更能反映资本市场实际资金供求情况。同时，得益于定量分析，Shibor 在形成机制、基础性、稳定性和相关性方面高于债券回购利率和银行间拆借利率，这充分体现了 Shibor 的市场性优势，也意味着 Shibor 将凭借其自身的市场性特征成为基准利率的不二人选。史小坤和梅芳（2010）从基准利率的属性出发，通过检验得出 Shibor 在基础性、系统稳定性、相关性方面优于同业拆借利率与债券回购利率的结论，该研究强化了 Shibor 的基准利率属性，为 Shibor 成为利率市场化下的基准利率提供了有力论据。总体而言，在有关基准利率的研究中指出Shibor更加符合基准性和市场性的要求，且从近年来央行发布的各期《货币政策执行报告》以及央行官员的发言（易纲，2008；张晓慧，2011）不难发现，中国人民银行主要希望选择并培育Shibor成为中国金融市场的基准利率，并自Shibor正式运行以来便不断地对其进行推广和完善。

上市公司对外提供担保，在增加自身债务成本的同时还要承担担保风险。上市公司提供对外担保的行为，与银行或者被担保企业相比，当上市公司处于信息劣势的一方时，上市公司将面临来自被担保企业和银行的逆向选择和道德风险问题（刘彬、张俊瑞和白雪莲，2017）。一是需要第三方提供债务担保的企业往往偿债能力较弱，使得上市公司在甄别担保对象时需要更多考虑，并承担更大风险。二是由于担保资金的使用监管需要大量成本的投入，存在风险和收益不匹配的情况。三是由于被担保企业可能把取得的资金用于非预定项目等导致道德风险的产生。而这类由被担保企业固有的生产经营问题或银行和被担保企业的道德风险而产生的风险也将由上市公司承担。因为企业的债务成本很大程度上由借款人能否偿付的风险决定，企业的违约风险越大，其债务成本也会越高。作为最后偿付人的担保企业，无形中给被担保企业提供了一道"心理防线"，这将使担保企业自身债务违约的可能性增大。而根据"高风险高收益"的原则，较高风险意味着债权人会要求较高的回报率，这又将增加上市公司的债务成本。从风险承担的角度来看，担保使上市公司承担了本该由银行承担但最终被银行转换为只需要对担保贷款风险进行识别和评判，在目前上市公司治理结构不完善的情形下，这种情况放大了上市公司的担保风险。

对于被担保公司而言，基准利率上升意味着违约风险的上升。在贷款本金相同情况下，随着基准利率升高，贷款人需要支付的利息增多，导致贷款人无法还本付息的概率增大，债务人的财务状况恶化。一旦债务人违约，往往追偿措施并不能帮助担保人避免损失，无论是债务人追偿还是向反担保人追偿，担保人被迫承担责任。如果追偿必须走法律程序，这个过程同样需要耗费人力和财力。担保人方面，由于担保契约的甄别作用和购买担保带来的道德风险导致提供第三方担保对上市公司价值增值空间进一步降低，而价值损毁性增大。如担保人会因为提供担保而导致本身财务状况恶化，持续经营能力受到极大影响（刘小年和郑仁满，2005），很多上市公司就是被对外担保拖垮的。为了避免提供担保受到的损失，当基准利率提高时，上市公司会减少提供的对外担保行为，以保障自身的价值和信用水平。基于此提出以下假设：

假设一：基准利率上升会减少上市公司对外担保行为。

5.1.2 基准利率影响对子公司担保行为机理分析

高峰、郭菊娥和龚利（2008）从政府担保的角度探究担保价值，基于期权理论分析了基础设施项目政府担保反映出的看跌期权特性，给出了政府担保的定价模型及求解，通过案例分析影响担保价值的因素，为基础设施项目政府担保投入的有关决策提供了理论依据。杨安华、赵昌文和白广斌（2012）在综合考虑影响高科技中小企业融资能力的因素，并分别依据单个和多个借款企业情况的基础上，建立信贷融资模型，据此对自有资产不足（包括现金、实物资产等担保品）、银行与企业的信息不对称等造成高科技中小企业融资难的深层机理进行了分析。冯根福、马亚军和姚树洁（2005）表示收益水平高的公司更倾向于对外提供信用资源，银行的贷款风险虽能得到有效降低，但这一风险经常通过担保方式最终转嫁到提供担保的上市公司。对担保参与方在担保行为中结合自身状况需要考虑的因素进行介绍，主要是就三方在信息不对称条件下如何做出对自己更有利的决策以及如何有效降低自身风险等问题进行说明并提出对策。综上所述，目前对担保市场的研究主要集中在担保收益、担保费率、担保价格等内在机制的细分上,另外还有针对担保市场参与方的研究,这主要是从担保人、被担保人和银行三个方面。而就来自宏观层面的影响因素并未有过多研究,且由于我国基准利率体系刚刚建成,基准利率变化对上市公司担保行为构成的影响是急需解决的问题。

我国上市公司对子公司的担保是上市公司对外担保的主要业务。统计发现,自 2010 年起,上市公司对子公司担保占对外担保总额的 70% 左右,在参与担保的企业中,平均每家上市公司对子公司的担保额达到了 3 亿元,本章进一步讨论基准利率变化对其子公司的担保行为影响机理效应。基于融资约束假说,信用担保能有效缓解企业的融资约束,进而提高公司价值。上市公司为子公司提供担保能有效缓解子公司面临的融资约束,从而强化包括上市公司在内的集团整体的融资水平。上市公司对子公司的担保行为有助于缓解企业融资约束,这将会增加公司的可使用贷款总量。此外,融资约束假说认为担保人会因为共同偿还贷款的压力而对借款人施加监督,从而解决和贷款相关的道德风险问题(刘立安和刘海明,2017)。曹廷求和刘海明(2016)发现,信用担保能有效缓解融资约束的前提是担保人掌握借款人详细的信息并且能够对借款的使用情况进行监督。具体到为子公司担保这一情况,作为担保人,上市公司对子公司享有控制能力,并且拥有子公司更加详细的信息,这在一定程度上有利于上市公司对子公司的贷款使用情况施加监督,从而可以降低与担保贷款相关的代理成本。这会提高贷款资源的使用效率和全要素生产率,进而提高公司绩效。

从子公司自主经营需求与自主资产配置能力的角度,笔者认为母子公司结构下的内部资本配置能在子公司经营需求与自主资产配置能力的影响下与母公司资源配置相互作用进而实现联合价值创造或因为母子公司经营目标与利益不一致而产生价值冲突;从现金流的角度来看,上市公司对子公司的担保行为能够有效降低投资对现金流的敏感度，这初步说明这一担保方式有利于缓解上市公司整体的融资约束。进一步，在控制了自我选择的效应后，为子公司提供担保能有效提高公司绩效、降低控股股东的利益侵占并提高公司的贷款量。最重要的是，为子公司提供担保能够提高企业的全要素生产率。母子公司关联效应不只体现在资产的配置，更是表现在人员的流动上。连锁董事是为企业发展提供重要社会资本的来源之一，这表现出裙带治理效应（Shropshire，2010；Mclean et al.，2012）。对于集团公司而言，不仅能提升子公司的绩效，而且有助于提升集团公司整体绩效（Keister，1998）。例如，宝钢集团为了激励员工努力工作，建立了隐含问责和激励机制等利益导向的网络联结，这便是通过董事派遣的方式来实现的。这与所派遣人员的职业生涯关系密切，特别是对在母公司和子公司同时任职的人员来说影响更大，宝钢集团总经理陈德荣同时兼任宝钢股份董事长将这一作用发挥得淋漓尽致。子公司内部随派遣董事而带来的母公司先进治理理念使得经营更加规范，管理效率也更高。当然，较高的管理效率也可能是被派遣董事利用其自身社会关系从中斡旋的结果，而并不是来自子公司的规范经营。其中一个重要表现就是被派遣董事在利益驱动下，利用人际关系来刻意提高管理审计效率评价值（王世权、张爽和刘雅琦，2016）。基于利益侵占假说，上市公司为子公司提供担保是集团关联担保的一种形式，现有研究发现，集团关联担保是大股东掏空上市公司的一种手段，因此对子公司提供担保更多地体现的是控股股东的利益（刘立安和刘海明，2017）。当前母公司防范生产经营过程中可能出现的重大风险，对子公司的管控模式逐渐由既往的"财务管控型"转变为"战略管控型"，这一转变强调了管理在母子公司关系中的重要作用。

基于两种理论在基准利率影响下对上市公司对外担保行为的作用机理，考虑到目前上市公司对子公司的担保行为更多地体现为"财务管控型"模式，这意味着母子公司之前存在着更多的利益协

同效应,基于此提出以下假设:

假设二:基准利率上升将促进上市公司为子公司提供担保的行为。

5.2 基准利率影响上市公司担保行为效应的实证研究

5.2.1 变量选择

(1) 基准利率变量选择

基准利率(Shibor):本章将上海银行间同业拆借利率(Shibor)确定为研究所需要的基准利率。由于本书是对担保市场的研究,包含了几乎所有的大中型金融机构的市场参与主体,使Shibor具有较广泛的特征。而根据上海银行间同业拆借利率(Shibor)官网,Shibor采用报价而不是成交价方式,这在一定程度上排除了成交价中的诸多噪声,足以反映市场的理性判断。同时,报价银行具有规模大、信用好、交易活跃、定价能力强等特点,这保证了Shibor报价的连续性和稳定性。

(2) 对外担保行为变量选择

目前关于国内担保市场的研究主要集中在公司对外提供担保时可能需要承受的风险,尤其是上市公司对子公司提供的担保行为(冯根福、马亚军和姚树洁,2005;曹廷求和刘海明,2016)。本章主要从以下三个方面衡量上市公司的对外担保行为:

上市公司是否对外提供担保(WG):将基准利率这个宏观指标纳入微观市场交易行为,从定性的角度研究基准利率变化与上市公司对外担保行为的相关关系。如果上市公司为非子公司第三方公司提供担保,则取值为1,否则取值为0。

上市公司是否对子公司提供担保（WZG）：上市公司为子公司提供担保属于集团关联担保的一种形式。基于假设二，本章考量在基准利率变化的作用下，上市公司对子公司的担保交易行为是如何被影响的。如果上市公司为子公司提供担保，则取值为1，否则取值为0。

（3）控制变量

公司规模（Size）：公司的规模、债务以及公司的盈利能力分别会影响公司担保行为的某些方面。规模对上市公司担保行为特征的影响主要体现在：规模越大，上市公司越倾向于采取反担保措施进行风险防控，越不会倾向于过度对外担保（王立彦，2007）。规模越大，需要权衡的因素越多，涉及的利益越大，因此担保方式越保守，这体现了上市公司对外担保决策过程中遵循的谨慎性原则。

资产负债率（Lev）：由于上市公司业绩与对外信用担保呈显著负相关关系，资产负债率与对外信用担保呈显著正相关；资产负债率越高，越可能发生担保行为，业绩越差，就越有可能发生担保（刘小年和郑仁满，2005）。

公司增长，即营业收入增长率（Growth）：公司增长，即营业收入增长率的提升一定程度上反映了公司的经营状况和财务状况，处于高速增长的上市公司一般现金持有相对不足，根据现金流互补效应（王超恩、张瑞君和徐鑫，2016；吴秋生和黄贤环，2017），上市公司对外担保，尤其是对子公司进行担保能有效发挥现金流互补效应。通过母子公司间内部资本市场的资金配置可以实现互补，因此上市公司对其子公司提供担保的行为能实现资源的有效配置，提高生产要素效率。

净资产收益率（ROE）：上市公司的对外担保行为具有价值减损性，探究这一个问题时，将主要考察公司业绩和资本结构。就担保行为来说，公司发展需要大量的资金支持，银行发放贷款的种类与条件又与公司的盈利能力、偿债能力等息息相关。

董事会规模（Board）：李常青和赖建清（2004）指出国内外

第 5 章　基准利率影响上市公司担保行为的效应研究

董事会特征与公司整体绩效之间有关。故本章将董事会人数作为董事会规模的控制变量。

第一大股东持股比例（First）：即第一大股东持股数量/在外流通股数量。由于 Johnson 等（2000）指出，控股股东利用投票权侵害中小股东利益的行为被定义为"掏空"（也称为"隧道挖掘"）。故本章研究过程中控制第一大股东持股比例。本章变量定义如表 5-1 所示。

表 5-1　　　　　　　　变量描述及数据来源

变量	变量描述	数据来源
自变量：		
基准利率（Shibor）	上海银行间同业拆借利率	C
因变量：		
对外担保（WG）	上市公司是否对外提供担保	B
对子公司担保（WZG）	上市公司是否对子公司提供担保	B
控制变量：		
公司规模（Size）	总资产的自然对数	A
资产负债率（Lev）	负债总额除以资产总额	A
公司增长（Growth）	营业收入增长率	A
净资产收益率（ROE）	净资产收益率	A
董事会规模（Board）	董事会人数	A

续表

变量	变量描述	数据来源
第一大股东持股比例（First）	第一大股东持股数量/在外流通股数量	A

资料来源：A＝Wind 数据库；B＝国泰安数据库；C＝从全景网人工收集。

5.2.2 数据来源

本章选择的样本为 2009—2016 年沪深 A 股上市公司。上市公司担保数据主要来源于 Wind 数据库和国泰安数据库（CSMAR）。基准利率 Shibor 的数据来源于上海银行间同业拆借利率官网；上市公司相关财务数据来自 Wind 数据库和国泰安数据库（CSMAR）。剔除金融行业之后的上市公司样本容量为 18014 个观测值。

5.3 基准利率影响上市公司担保行为效应的结论分析

5.3.1 描述性统计结果

如表 5－2 所示，对外担保行为（WG）和子公司担保行为（WZG）的均值分别为 0.179 和 0.447，说明 17.9% 的上市公司对非子公司第三方提供了担保，同时 44.7% 的上市公司为其子公司提供了担保。说明上市公司在提供担保时更倾向于为子公司提供担保。同时 3 个月银行间同业拆借利率（$Shibor3M$）和 1 年期银行间同业拆借利率（$Shibor1Y$）的均值分别为 3.768 和 3.912。三个月银行间同业拆借利率均值略小于 1 年期银行间同业拆借利率均值。这是由于 3 个月银行间同业拆借利率（$Shibor3M$）受到短期资金市场供需关系影响较大，当流动性不足时，存在短期银行间同业拆借利率陡增的现象。而 1 年期银行间同业拆借利率（Shibor1Y）则较少受到流动风险的影响，致使 3 个月银行间同业拆借利率（Shibor3M）的标准差和最大值都大于 1 年期银行间同业拆借利率（Shibor1Y）。

表 5-2　　　　　　　　　描述性统计

变量	观测值	平均值	标准差	最小值	最大值
WG	18014	0.179	0.384	0	1
WZG	18014	0.447	0.497	0	1
Shibor3M	18014	3.768	1.126	1.508	5.219
Shibor1Y	18014	3.912	0.984	2.047	4.956
Size	18014	21.92	1.285	19.37	25.83
Lev	18014	0.430	0.217	0.0450	0.897
Growth	18014	0.204	0.537	-0.563	3.894
ROE	18014	0.0669	0.115	-0.578	0.345
Board	18014	10.11	2.521	5	18
First	18014	36.01	15.31	8.930	75.90

5.3.2　基准利率影响上市公司对外担保行为的多元回归测算

基准利率与 A 股上市公司对外担保行为的关系如表 5-3 所示。表 5-3 中第（1）列是基准利率（Shibor3M）对上市公司对外担保情况的回归结果。其回归系数为 0.000，未通过显著性检验，说明上市公司对第三方担保行为受基准利率影响较小，假设一未通过显著性检验。表 5-3 中第（2）列是基准利率（Shibor3M）对上市公司对子公司提供担保情况的回归结果。其中基准利率（Shibor3M）对上市公司对子公司提供担保的回归系数为 0.009，显著性水平为 1%。说明随着基准利率的上升，上市公司的子公司面临的融资约束加剧,急需上市公司为其提供担保,进行增信,上市公司对子公司担保概率增加,假设二得到支持。

表 5 – 3　　　　　　　多元回归测算结果

	(1) WG	(2) WZG
Shibor3M	0.000 (0.002)	0.009 *** (0.003)
Size	0.054 *** (0.003)	0.098 *** (0.003)
Lev	0.334 *** (0.015)	0.563 *** (0.018)
Growth	-0.012 ** (0.006)	-0.008 (0.006)
ROE	-0.071 ** (0.028)	-0.109 *** (0.033)
Board	0.001 (0.001)	-0.006 *** (0.001)
First	-0.002 *** (0.000)	-0.005 *** (0.000)
常数项	-1.096 *** (0.056)	-1.737 *** (0.064)
N	18014.000	18014.000
R^2	0.103	0.182
F	272.115	721.776

注:*、**、*** 分别代表 10%、5%、1% 的显著性水平,双尾检验。

5.3.3　改变基准利率期限的稳定性检验

采用 3 个月银行间同业拆借利率(Shibor3M)作为基准利率测量时,会受到市场流动性供给和短期违约风险影响。而担保契约的对应债务往往在半年及以上。这使公司在签订契约时更多考虑的是长期利率而非短期利率。基于此，在稳健性检验中，本章采用1年期银行间同业拆借利率（$Shibor1Y$）作为基准利率的度量，回归结果见表5-4，与主回归结果类似。表5-4中的第（1）列检验1年期银行间同业拆借利率（$Shibor1Y$）对非子公司提供担保的影响效应，1年期银行间同业拆借利率（$Shibor1Y$）回归系数为0.002，未通过显著性检验，说明基准利率变化对上市公司对非子公司提供担保的影响并不显著。表5-4中的第（2）列检验1年期银行间同业拆借利率（$Shibor1Y$）对子公司提供担保的影响效应，回归系数为0.016，在1%水平显著。说明随着基准利率的升高，子公司面临的外部融资成本增大，上市公司为降低子公司债务融资成本，而更积极为子公司提供担保以确保其子公司能够更加顺畅地获取外部债务资金，促进子公司的发展。

表5-4 稳健性检验（改变基准利率期限）

	(1) WG	(2) WZG
$Shibor1Y$	0.002	0.016***
	(0.003)	(0.003)
Size	0.054***	0.098***
	(0.003)	(0.003)
Lev	0.335***	0.564***
	(0.015)	(0.018)
Growth	-0.012**	-0.007
	(0.006)	(0.006)
ROE	-0.070**	-0.107***
	(0.028)	(0.033)
Board	0.001	-0.006***
	(0.001)	(0.001)
First	-0.002***	-0.005***
	(0.000)	(0.000)

续表

	(1) WG	(2) WZG
常数项	-1.101*** (0.056)	-1.759*** (0.064)
N	18014.000	18014.000
R^2	0.103	0.182
F	272.082	725.745

注：*、**、***分别代表10%、5%、1%的显著性水平，双尾检验。

本章小结

本章以2009—2016年主板上市公司为样本，研究基准利率对上市公司对外担保行为的影响效应，发现随着基准利率的上升，上市公司对外担保交易行为减少。本章主要贡献是从基准利率出发考虑宏观利率如何影响担保行为，并且将担保交易行为是否发生主要细分为：上市公司是否对外担保，上市公司是否对子公司提供担保。为有效判断上市公司对外担保交易行为，提高担保市场交易行为的可预测性提供了一条新途径。

第6章
无风险利率影响担保市场交易结构的机理和效应研究

2008年全球金融危机主要来自抵押支持债券（Mortgage-Based Security，MBS）的集中违约，而在世界范围内盛行的抵押支持债券（MBS）、信用违约互换（CDS）和资产抵押债券（ABS）的本质与我国《担保法》定义的债务担保契约实质相同，我国近半数企业为第三方提供了担保契约，其潜在风险不容忽视，防范担保风险刻不容缓。担保合约在我国充当着弥补资本市场不足、促进公司资金融通的重要角色，担保人是债务的最终偿付者，担保人风险决定了债务人的风险（Cook和Spellman，1996）。担保市场交易结构是参与主体行为的分布格局，取决于担保人、债权人和债务人三方签署担保契约协议的执行结果。Rothschild和Stiglitz（1976），Finkelstein、Poterba和Rothschild（2009）从债务人视角讨论保险市场交易过程和市场分布结构，但没有深刻解读担保市场结构的形成机理。在对系统性金融风险的估测研究中，Acharya、Pedersen和Philippon（2010）的系统预期差额法（Systemic Expected Shortfall，SES），Adrian和Brunnermeier（2016）、Castro和Ferrari（2014）的条件风险价值法（CoVaR），Brownlees和Engle（2017）的系统性风险指数（SRISK），更是忽视了担保类金融产品在系统性金融风险中扮演的重要角色。

担保市场充当着债务契约的最终偿付人，担保市场风险的大小不仅由债务人决定，而且担保人直接起关联和累积放大作用，忽视担保人会严重低估债务市场风险。因此，了解担保市场结构与宏观利率的联动机理以及挖掘影响担保市场交易结构的因素迫在眉睫，本章基于冷奥琳、张俊瑞和邢光远（2016a，2016b）、Rothschild 和 Sitglitz（1976），Finkelstein、Poterba 和 Rothschild（2009）等研究构建的担保市场均衡模型，从担保人视角出发，讨论无风险利率对担保市场结构变化的影响，为担保市场风险控制以及政策制定提供有效的理论和现实依据。

6.1 无风险利率影响担保市场交易结构的理论建模

在国外有关的担保研究中，由于公司担保数据并未要求详细披露，造成这一行为研究的空缺。我国 2007 年才正式要求强制披露公司的担保行为，担保市场行为研究也十分有限。冯根福、马亚军和姚树洁（2005）研究指出，中国上市公司的担保行为具有保证担保偏好和连续性特征。Berkman、Cole 和 Fu（2009）研究发现提供关联担保公司的托宾 Q、ROA 和股利明显要低于平均水平，杠杆率要明显地高于平均水平。冷奥琳、张俊瑞和邢光远（2016a，2015）最早发现担保人的资本结构会影响担保人定价以及市场交易撮合行为的选择，指出担保人资产负债率越低，定价越高，越容易退出担保市场。冷奥琳、张俊瑞和邢光远（2016b）发现担保人信息粉饰会影响担保市场交易撮合行为，劣质担保人的信息粉饰程度越高，越容易进入担保市场，但尚未研究宏观层面因素对担保市场及其行为的影响。

本章基于 Rothschild 和 Stiglitz（1976）的思想，认为债务人是担保市场中的需求主体，债务人依据自身从担保中获得的收益来选择担保人,而市场中担保人是完全竞争的。因此本章以担保市场债务人收益分析为基础,考虑担保公司是否破产的定价条件,构建担保人遵循两个定价边界条件的担保产品定价模型,为机理分析提供理论依据。

6.1.1 担保市场债务人总收益模型构建

依据 Cook 和 Spellman (1996) 债务人购买担保的利率收益,令到期债券面值为 1,债务期限为 1 期,无风险利率为 R,债务违约率为 P_f,债务人违约时担保人偿付概率为 $P_{c|f}$;如果担保人违约,本章假定债务残值为 0,则债务人购买担保利率 r 为:

$$\frac{1}{1+r} = (1-P_f)\frac{1}{1+R} + P_f P_{c|f}\frac{1}{1+R} \qquad (6-1)$$

当公司不购买担保时,债务的利率为 i,有:

$$\frac{1}{1+i} = (1-P_f)\frac{1}{1+R} \qquad (6-2)$$

定义债务到期时购买担保的利率收益 π 为债务人不购买担保的利率 i 减去购买担保后的债务利率 r,即:

$$\pi = i - r = \frac{1+R}{1-P_f} - \frac{1+R}{1-P_f+P_f \times P_{c|f}} \qquad (6-3)$$

如果签订契约时担保人收取债务人的担保费用为 $f(g)$,那么债务人为 g 单位借款所购买担保的总收益 Π 为其获取的利率收益减去其要付出的担保费用,有:

$$\Pi(R) = \frac{\pi}{(1+R)} \times g - f(g) \qquad (6-4)$$

6.1.2 担保人定价条件分析

(1) 不考虑担保公司破产的定价条件

当担保人为一笔债务金额为 g、担保债务利率为 r、债务期限为 1 期、违约概率为 P_f 的债务契约提供担保时,获得担保收益为

$f(g)$（担保收益不限于担保金收益，也包括担保合同带来债务人融资约束降低或者为自身提供稳定销售渠道等带来的隐性收益）。假定无风险利率为 R，则担保人或有债务现值 $D(g)$ 为：

$$D(g) = \frac{g \times (1+r) \times P_f}{(1+R)} \qquad (6-5)$$

或有负债会导致经济利益外流，基于 Rothschild 和 Sitglitz (1976) 担保理论和理性人假设，认为公司愿意为第三方提供担保的条件是：担保费的收益大于潜在经济利益流出的现值。

提供担保约束条件 1：净现值非负条件公式表述为：

$$f(g) \geqslant D(g) \qquad (6-6)$$

（2）考虑担保公司破产的定价条件

冷奥琳等（2016b）认为担保人存在违约时股东对提供担保后造成的违约率变化需要相应补偿，维持自身价值不受损的定价条件，提供担保约束条件 2（股东价值保值条件）：

$$f(g) \geqslant \frac{E+D}{(1+\hat{r})D} \times \frac{P_k}{P_g} \times D(g) \times (1+R) \qquad (6-7)$$

其中，$\hat{r}$ 为公司自有负债的名义利率。如果公司担保获得 $f(g)$ 收益投入生产经营过程，其资本转化率为 P_g，提供担保公司现有经营业务的资本转化率为 P_k，担保人的股东权益价值为 E，债权人权益价值为 D。

担保人遵循满足两个定价边界条件对担保产品进行定价，由公式（6-6）和公式（6-7）可知，提供担保的约束条件为：

$$f(g) = \begin{cases} D(g), if \dfrac{E+D}{(1+\hat{r})D} \times \dfrac{P_k}{P_g} \times (1+R) \leqslant 1 \\ \dfrac{E+D}{(1+\hat{r})D} \times \dfrac{P_k}{P_g} \times (1+R) \times D(g), if \dfrac{E+D}{(1+\hat{r})D} \times \dfrac{P_k}{P_g} \times (1+R) > 1 \end{cases}$$

$$(6-8)$$

为后文叙述方便，此处令担保人的定价边界条件为 $\varepsilon(R) =$

第6章 无风险利率影响担保市场交易结构的机理和效应研究

$\frac{E+D}{(1+\hat{r})D} \times \frac{P_k}{P_g} \times (1+R)$。若担保人的资产负债率较低,说明其偿付概率较高、风险较小,当 R、P_g、P_k 一定时,其对应的 ε 值更大,因此本章将 $\varepsilon > 1$ 的担保人视为优质担保人。

公式 (6-8) 可表示为:

$$f(g) = \begin{cases} D(g), & \text{if } \varepsilon(R) \leq 1 \\ \varepsilon(R) \times D(g), & \text{if } \varepsilon(R) > 1 \end{cases} \quad (6-9)$$

6.2 无风险利率影响担保市场交易结构的机理分析

将债务人购买担保的目标函数定义为其购买担保的价值最大化,由公式 (6-4) 可得最大总收益为:

$$\max \Pi = \max \left[\frac{\pi}{(1+R)} \times g - f(g) \right] \quad (6-10)$$

将公式 (6-1)、公式 (6-9) 带入公式 (6-10) 有:

$$\max \Pi(R) = \max \begin{cases} \left[\frac{1}{1-P_f} - \frac{1+P_f}{1-P_f+P_f \times P_{c\backslash f}} \right] \times g, & \text{if } \varepsilon(R) \leq 1 \\ \left[\frac{1}{1-P_f} - \frac{1+P_f}{1-P_f+P_f \times P_{c\backslash f}} \times \varepsilon \right] \times g, & \text{if } \varepsilon(R) > 1 \end{cases}$$

$$(6-11)$$

对公式 (6-11) 无风险利率求导可得:

$$\Pi'(R) = \begin{cases} 0, & \text{if } \varepsilon \leq 1 \\ -\frac{E+D}{(1+\hat{r})D} \times \frac{P_k}{P_g} \times g \times \frac{P_f}{1-P_f+P_f \times P_{c\backslash f}}, & \text{if } \varepsilon(R) > 1 \end{cases}$$

$$(6-12)[1]$$

---

[1] 假定债务人的违约率以及担保人的违约率不随无风险利率变化而变化。

对公式 (6-12) 可知，由于 $0 \leq P_f \leq 1$、$0 \leq P_{c1f} \leq 1$，所以 $\Pi'(R) \leq 0$，说明随着无风险利率的升高，债务人购买担保的收益将减少。

本章将担保人纳入考虑范围，讨论无风险利率变化对担保市场交易结构的影响，与 Rothschild 和 Sitglitz (1976) 只是从债务人角度讨论保险市场的交易结构完全不同。因此由公式 (6-12) 进一步可知，当债务人从资产负债率高的担保人 $[\varepsilon(R) \leq 1]$ 处购买担保时，无风险利率的变化不会影响其购买担保的收益；而从优质担保人 ($\varepsilon(R) > 1$) 处购买担保时，随着无风险利率的升高，债务人购买担保的收益将减少。

为了分析无风险利率对担保市场交易结构的影响机理，本章以债务人在不同无风险利率下购买担保的收益成本为基础，讨论担保人的定价及选择问题。无风险利率变化前后担保价值变化及达成契约条件变化如图 6-1 所示。其中 $f(R_1)$ 和 $f(R_2)$ 分别是在无风险利率 R_1 和无风险利率 R_2 下对应的担保费用曲线 ($R_1 < R_2$)，无风险利率变化（由 R_1 变为 R_2）后的债务人收益差（图中阴影部分）为：

$$\gamma(R_1, R_2) = \begin{cases} 0, & if\ \varepsilon(R_1) \leq 1\ and\ \varepsilon(R_2) \leq 1 \\ [1 - \varepsilon(R_2)] \times D(g), & if\ \varepsilon(R_1) \leq 1\ and\ \varepsilon(R_2) > 1 \\ [\varepsilon(R_1) - \varepsilon(R_2)] \times D(g), & if\ \varepsilon(R_1) > 1\ and\ \varepsilon(R_2) > 1 \end{cases}$$

(6-13)

由担保费用曲线 $f(R_1)$ 和 $f(R_2)$ 可以看出，担保人收益减少，部分优质担保人退出市场。

基于均衡模型推理得出公式 (6-13) 的影响机理是：担保人进入市场交易撮合成功的概率与其为债务人购买担保的收益正相关，市场总体随着无风险利率增加，公司成为担保人概率降低；偿付概率高的优质担保人在无风险利率升高时成为担保人概率降低得更为明显。

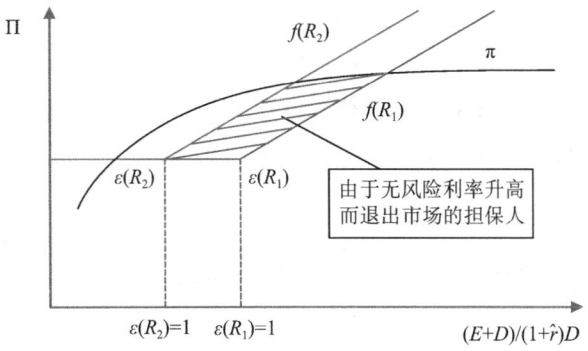

图 6-1 不同无风险利率下债务人购买担保收益成本分析

6.3 无风险利率影响担保市场交易结构机理的实证研究

6.3.1 数据来源与实证建模

本章利用上市公司临时公告中提供担保协议的上市公司作为进入担保市场的担保人,需要与 Berkman、Cole 和 Fu(2009)等提出的掏空动机下的担保行为进行区分,利用 Ball 和 Brown(1968)的累计异常收益率(CAR)算法,采用[-5,5]天作为事件研究中市场反应计量的时间窗口,在一个自然年内,若公司提供担保后市场反应为正的事件数目大于等于为负的数目,认为 $Dgua=1$;若担保后市场反应为正的事件数目小于为负的数目,则认为 $Dgua=0$;若没有担保业务,$Dgua=0$。担保数据来自国泰安(CSMAR)上市公司对外担保研究数据库,对于数据库中的缺失数据,本章手工搜集巨潮资讯披露年报中相关担保内容予以补充。2007—2016 年度我国担保涉债总金额及提供担保的公司在总样本中所占的比例如图 6-2 所示。公司的财务数据、国债到期收益率、上海银行同业拆放利率（Shibor）同样来自国泰安数据库。剔除金融行业及变量缺失的样本，并对所有连续变量在 1% 和 99% 分位上进行缩尾处理，最终得到 2007—2016 年共 22355 个样本。

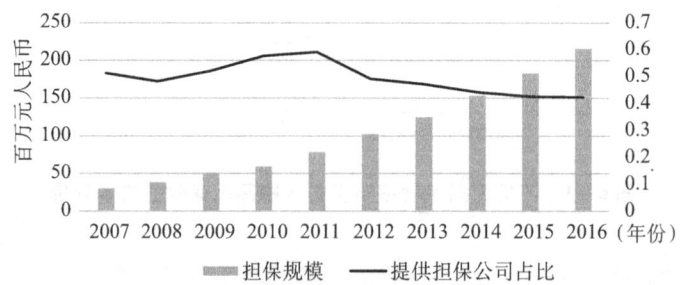

图 6-2 2007—2016 年度我国担保涉债总金额及提供担保公司比例

担保贷款通常为中期与短期贷款，参考冯宗宪、郭建伟和孙克（2009），冷奥琳、张俊瑞和邢光远（2015）采用 1 年期国债到期收益率作为无风险利率的衡量指标。构建测算模型如下：

$$Dgua = \beta_0 + \beta_1 Yield + \beta_2 Leverage + \beta_3 ROA + \beta_4 Size + \beta_5 SOE + \beta_j Industry \tag{6-14}$$

本章在冷奥琳、张俊瑞和邢光远（2016a）回归模型的基础上增加了无风险利率的年末值。由于在新的回归模型中增加了无风险利率，这样会与年度虚拟变量产生多重共线性问题，故在回归模型（6-14）中，将年度虚拟变量删除。模型的被解释变量、解释变量以及控制变量如表 6-1 所示。

表 6-1　　　　　　　实证测量模型变量定义

变量类型	变量名称	变量符号	变量描述
被解释变量	是否担保	Dgua	表示是否担保的虚拟变量，基于 Ball 和 Brown（1968）的 CAR 计算方法，若公司提供担保且市场反应为正，取值为 1，否则为 0

续表

变量类型	变量名称	变量符号	变量描述
解释变量 控制变量	无风险利率	Yield	1年期国债到期收益率
	资产负债率	Leverage	公司总负债/公司总资产
	资产收益率	ROA	公司净利润/公司总资产年末值
	公司规模	Size	公司期末总资产的自然对数
	产权性质	SOE	公司最终控制人的虚拟变量,若公司最终控制人为国家、地方政府及相关职能部门,取值为1,否则为0
	行业	Industry	行业虚拟变量(不包括金融行业)

6.3.2 描述性统计结果分析

本章各变量的描述性统计分析结果如表 6-2 所示。$Dgua$ 的均值为 0.1153,说明 11.53% 的公司存在对外担保行为;我国上市公司资产负债率的账面均值为 0.4536,最大值为 1.2008,说明部分企业出现了资不抵债的情况;我国上市公司主板市场的平均资产收益率为 3.89%,说明部分企业存在严重亏损的情况(ROA 最小值为 -0.2358);SOE 的均值为 0.4376,表明我国沪深两市的上市公司有近半数由国家(或地方政府)直接或间接控制。

表 6-2 变量描述性统计

变量名称	观测值	平均值	标准差	最小值	最大值
$Dgua$	22355	0.1153	0.3194	0.0000	1.0000
$Yield$	22355	2.8151	0.8310	1.1020	4.2189
$Leverage$	22355	0.4536	0.2314	0.0460	1.2008
ROA	22355	0.0389	0.0614	-0.2358	0.2201
$Size$	22355	21.8156	1.3025	18.9210	25.7349
SOE	22355	0.4376	0.4961	0.0000	1.0000

6.3.3 无风险利率影响担保市场结构效应的实证检验

我们采用 logit 回归方法对公式（6-14）进行检验，回归结果见表 6-3。在全样本中，无风险利率（Yield）的回归系数为 -0.0405，未通过显著性检验。回归系数符号为负，说明无风险利率越高，公司提供担保可能性越低，验证了随着无风险利率升高，公司成为担保人概率降低结论的正确性。

表 6-3　无风险利率对担保行为影响的回归测算结果

	全样本	按资产负债率分组		
		0~50%	50%~70%	70% 以上
Yield	-0.0405	-0.0968 **	-0.0512	0.1224 **
	(-1.57)	(-2.32)	(-1.27)	(2.08)
Leverage	1.5159 ***	4.5279 ***	1.3390 ***	-1.9596 ***
	(12.31)	(13.06)	(2.00)	(-3.27)
ROA	-0.9174 ***	-2.0820 ***	-1.5654 **	-0.7810
	(-2.58)	(-3.39)	(-2.81)	(-1.13)
Size	0.3065 ***	0.3114 ***	0.1892 ***	0.2406 ***
	(14.06)	(7.93)	(5.51)	(5.76)
SOE	-0.4603 ***	-0.6024 ***	-0.3887 ***	-0.5299 ***
	(-6.64)	(-5.57)	(-4.20)	(-3.90)
行业	控制	控制	控制	控制
常数项	-8.5803 ***	-9.3557 ***	-6.0564 ***	-5.0631 ***
	(-17.09)	(-10.86)	(-6.94)	(-3.89)
Pseudo R^2	0.0568	0.0682	0.0191	0.0616
Number of observations	22355	13035	6068	3252
chi^2	607.61 ***	384.80 ***	62.09 ***	128.00 ***

注：括号中为系数的 t 值，*、**、*** 分别代表 10%、5%、1% 的显著性水平，双尾检验。

为了澄清不同担保人信用风险情况下无风险利率变化对担保行为的影响（由于担保人信用风险无法直接观测，本章采用资产负债率作为代理变量，并认为资产负债率越高信用风险越高）。将样本分为资产负债率不足50%组，50%~70%组以及70%以上组分别进行回归，结果如表6-3中第（2）列至第（4）列所示，发现在资产负债率小于50%组中，无风险利率与担保的回归系数为-0.0968，在5%水平显著；在50%~70%组中，回归系数为-0.0512，未通过显著性检验；而在70%以上组中，回归系数为0.1224，在5%水平显著。说明资产负债率低的公司随着无风险利率的升高，其成为担保人的可能性降低，而对于资产负债率较高的公司则不然，当公司的偿付概率进一步降低时，反而随着无风险利率的升高，更有可能成为担保人。实证结果验证了相对于偿付概率低的担保人，偿付概率高的优质担保人在无风险利率升高时成为担保人概率更低结论的有效性。

6.3.4　无风险利率影响担保市场结构的稳健性检验

在美国，衍生品定价的无风险利率往往采用1年期Libor利率（Hull，2015）。我国利率体系中的Shibor与Libor类似，是货币市场中排除了风险干扰的水平最低、风险最低的"纯粹"利率，是一种无风险利率（时光，2013）。闫明健（2010）将无风险性视为货币市场基准利率的基本属性之一，认为Shibor是我国货币市场基准利率的最佳选择。在稳健性检验中，本章利用1年期的Shibor作为无风险利率的衡量指标，回归结果如表6-4所示。

表6-4　无风险利率对担保行为影响的回归测算结果（稳健性检验）

	按资产负债率分组			
	全样本	0~50%	50%~70%	70%以上
Shibor	-0.0529**	-0.0949***	-0.0670*	0.1037**
	(-2.41)	(-2.60)	(-1.93)	(2.08)

续表

	全样本	按资产负债率分组		
		0~50%	50%~70%	70%以上
Leverage	1.5139***	4.5240***	1.3277**	-1.9524***
	(12.29)	(13.02)	(1.98)	(-3.27)
ROA	-0.9161***	-2.0548***	-1.5677**	-0.7355
	(-2.58)	(-3.35)	(-2.18)	(-1.07)
Size	0.3070***	0.3096***	0.1906***	0.2412**
	(14.11)	(7.90)	(5.56)	(5.77)
SOE	-0.4614***	-0.6020***	-0.3907***	-0.5337***
	(-6.67)	(-5.58)	(-4.29)	(-3.93)
行业	控制	控制	控制	控制
常数项	-8.4937***	-9.2154***	-5.9605***	-5.1442***
	(-16.85)	(-10.86)	(-6.81)	(-3.91)
Pseudo R^2	0.0570	0.0684	0.0195	0.0615
Number of observations	22355	13035	6068	3252
chi^2	613.95***	389.11***	65.09***	127.10***

注:括号中为系数的 t 值,*、**、***分别代表 10%、5%、1%的显著性水平,双尾检验。

在全样本中,无风险利率(*Shibor*)的回归系数为 -0.0529,在5%水平显著。将样本按照资产负债率分组后的回归结果如表6-4中第(2)列至第(4)列所示,发现在资产负债率小于50%组中,无风险利率与担保的回归系数为 -0.0949,在1%水平显著;在50%~70%组中,回归系数为 -0.0670,在10%水平显著;而在70%以上组中,回归系数为0.1037,在5%水平显著。需要特别说明的是,利用 *Shibor* 作为无风险利率衡量变量的回归检验结果在50%~70%组中,回归系数显著性高于主回归的结果,我们认为这是由于国债收益率形成机理和 *Shibor* 利率形成机理的差异造成的。国债市场中,债务主体是国家,而债权人是广大机构以及个人投资者，国债利率由国债市场的流动性与参与主体的供求关系所决定。在银行间隔夜拆借市场中，债权债务人主要是银行与金融公司，其 Shibor 利率的形成主要由银行间隔夜拆借市场的流动性与参与主体供求关系所决定。由于在担保市场中，作为债权人的参与主体主要为银行，而银行间隔夜拆借市场的利率波动很大程度上影响了银行的借贷成本和信用供给，导致 Shibor 利率的变动较同期国债到期收益率的变化对担保市场的供求关系影响更为显著。其余部分稳健性检验结果与主回归结果基本保持一致。同时，还将实证样本进一步限定为仅考虑债务人不是担保人子公司的情景，检验了无风险利率公司提供担保的行为影响，结果与主回归结果一致，对此不再赘述。

本章小结

本章以担保市场均衡理论为基础，论证了宏观无风险利率变化对担保市场交易结构影响的机理和效应，发现无风险利率的升高致使债务人购买担保的总收益降低，使低风险担保人从市场中退出，而高风险担保人所占比重增加，造成担保市场整体风险的升高。以我国上市公司 2007—2016 年担保数据的实证效应测算支持了该结果并发现，随着无风险利率的提高，高资产负债率公司的担保行为进一步增加。揭示了在优质担保人退出市场的同时，债务人所面临的融资需求并不会因此减少，而这些债务人会进而转向高风险的担保人以达到其促进融资的目的，结果恶化了担保市场中优质担保人的构成，加剧了担保市场的风险暴露，对我国利率政策选择和市场风险控制具有重要理论意义和实际应用价值。

本章的政策启示是：当央行实行提升利率、收缩信贷规模等紧缩性货币政策从而控制信贷风险时，应当考虑到担保类衍生品的介入，可能造成优质担保人从担保市场退出、担保市场总需求增加以及担保市场结构发生恶化等与预期相反的经济后果，最终可能导致市场整体风险升高。同时，在市场利率提高时应密切关注担保类衍生品市场的变化机理，防止风险进一步加剧，从而保证金融市场稳定健康发展。

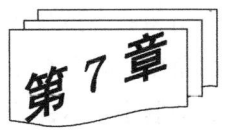

企业社会责任信息披露对关联交易及关联担保的影响效应研究

2020年7月21日,习近平总书记在企业家座谈会时强调,当代企业管理者想要得到社会的认可,成为符合时代要求的企业家,就必须做到在工作中真诚回报社会,并切实地履行社会责任。为了促进企业社会责任信息披露工作的开展,我国深圳证券交易所和上海证券交易所先后发布了《深圳证券交易所上市公司社会责任指引》(2006)和《关于加强上市公司社会责任承担工作暨发布的通知》(2008),用于规范和指引企业社会责任信息披露情况、倡导各上市公司积极承担社会责任,落实可持续发展及科学发展观,促进公司在关注自身及全体股东经济利益的同时,充分关注包括公司员工、债权人、客户、消费者及社区在内的利益相关者的共同利益,促进社会经济的可持续发展。"十四五"期间,越来越多的企业在注重自身经营发展的同时,加强了企业社会责任信息的披露以及强调社会责任的履行。目前,我国上市公司处于社会责任报告自愿披露以及强制性披露共存的阶段。许多企业没有进行社会责任披露,即使披露的水平也参差不齐。

关联交易是指关联方之间转移资源、劳务或义务的行为。关联交易具有"效率促进"(Khanna和Palepu, 2000)和利益侵占(Johnson等, 2000)的双重作用。关联交易也是大股东进行利益侵占的常用手段,损害了中小股东的利益,是第二类委托代理问题的主要途径。本章主要研究社会责任信息披露对公司关联交易和企业提供关联担保行为的影响。从保护投资者利益的角度,探究企业社会责任信息披露是否能够发挥企业自监督作用,抑制企业不良关联交易的发生,提升关联交易的效率。

7.1 企业社会责任信息披露影响关联交易的理论分析

7.1.1 企业社会责任信息披露抑制公司关联交易影响机理

企业社会责任信息披露能够缓解内外部投资者的信息不对称,缓解代理冲突,降低企业道德风险,加强利益相关者监督从而减少关联交易行为。

第一,企业社会责任信息披露缓解信息不对称。关联交易的实质是内部交易,相比企业外部来说存在天然的信息壁垒。因此,信息不对称的现象广泛存在于外部利益相关者和企业之间,管理层和控股股东具有更强的动机进行利益输送,也具有更充分的空间进行利益操纵(张宸和高芸芸,2017)。结合钟宏武、张蒽和翟利峰(2011)、Myers和Majluf(2013)的观点,作为财务信息的补充,社会责任信息披露能够作为一种媒介,产生"沟通效应",进而降低企业的信息不对称程度。这种信息效应,不仅削弱了内部控制人的信息优势,也降低了其掩饰负面信息的能力,这在很大程度上抑制了内部控制人或控股股东利用信息不对称进行盈余管理和利益操纵的空间(岳上植和范芮希,2017)。

企业社会责任信息披露能够有效缓解关联交易中产生的信息不对称问题,同时企业社会责任信息的披露质量越高、越完整,越能够提升企业内部的信息透明度,降低投资者的监督成本(Dhaliwal

等，2011；2012），便于利益相关者监督公司的经营管理行为，在一定程度上能够抑制关联交易的发生（杨梦洁，2019）。

第二，企业社会责任信息披露缓解委托代理冲突。现代企业中普遍存在委托代理问题，包括第一类委托代理问题和第二类委托代理问题（Ross，1973）。在委托代理问题存在的情况下，关联交易就成为一种很典型、很常见的现象。关联交易是代理冲突的一种表现形式。非公允关联交易的实质为内部交易，管理层和控股股东经常利用这种交易形式进行利益输送（康亚莉，2013）。因为委托代理问题的存在，导致了代理冲突，产生了代理成本（Jensen 和 Meckling，1979），而企业社会责任信息的披露，能够削弱管理层与控股股东、中小股东以及其他股东间的信息不对称，缓解代理冲突，降低代理成本。同时，社会责任信息披露能够作为一种监督的手段，约束代理人的行为。综上分析，社会责任信息披露能够在一定程度上监督和遏制管理层和控股股东在损害公司利益的情况下所实施的非公允的关联交易行为。

第三，企业社会责任信息披露降低道德风险。当交易双方处在信息不对称的情况下，交易完成之后很容易产生"道德风险"问题（Mckinnon 和 Pill，1997）。社会责任信息披露能够降低存在于企业内外部的道德风险问题。一方面，企业社会责任信息披露能够降低内部的道德风险问题。从企业内部来讲，社会责任信息披露能够降低委托人与代理人之间的信息不对称，能够减少实质是内部交易的关联交易中的道德风险动机（陈承、王宗军和叶云，2019）。并且社会责任信息披露也被认为是一种伦理道德机制，督促和引导代理人合法合规经营，加深了其对利益相关者和社会负责任的态度，从道德和心理感知层面抑制了代理人的道德风险问题，进而削弱了代理人利用关联交易谋取利益、侵占委托人利益的行为动机。另外，企业社会责任信息披露能够降低外部的道德风险问题（宋献中、胡珺和李四海，2017）。披露高质量的社会责任信息，能够体现企业整体良好的道德准则和文化内涵，企业为了维护这种良好形象，会约束其行为以避免出现负面信息，进而抑制了管理层和控股股东的道德风险，进而降低了利用关联交易进行利益转移的可能。

第四，企业社会责任信息披露有利于加强利益相关者监督。基于利益相关者理论，披露社会责任报告有助于增加内外部利益相关者与企业之间的沟通（Barnett，2007；Servaes和Tamayo，2013），从而便于利益相关者对高管和控股人的监督，防止或抑制不良关联交易行为发生。尤其是对于存在更强信息壁垒的外部利益相关者来讲，可以通过社会责任信息披露，获取更多的非财务信息，加强了利益相关者对企业行为的监督和约束，进而抑制了公司非公允的关联交易发生的动机，降低了关联交易发生的概率。

第五，社会责任信息披露基于"信号效应"和"优序融资理论"促进关联交易。社会责任信息披露能够传递出特定的信号质量和信号意图，从信号质量来讲，能够传递出更多的非财务信息，削弱了不可观察的信息程度，提高了企业外部对信息的关注度。对于社会责任绩效较好的企业，管理层披露的社会责任报告质量更高，以此向利益相关者展示良好的企业形象。通过社会责任信息披露，有助于企业树立良好的形象，展示企业具有利他性行为的意愿，向外界传递出更加值得信赖的信号（张兆国、李庚秦和刘晓霞，2009）。特别地，当社会责任信息披露质量越高时，其信号质量越高，利益相关者的信赖程度会越高，利益相关者则愿意与社会责任信息披露质量更高的企业进行交易往来（Russo和Fouts，1997）。相应地，对于关联方来讲，社会责任信息披露提升了其对企业的信任感，增强了对企业的道德信任和财务绩效真实性的信任，能够吸引关联方与企业发生更多关联交易。另外，根据"优序融资理论"（Myers，1984），企业筹资时，由于以信息不对称理论为基础，并考虑交易成本的存在，首先选择内部融资。尤其是在企业发展的初期，社会责任信息披露传递出企业利好的信号，更有利于企业吸引关联方通过关联交易进行内部融资。基于此，本章提出以下研究假设：

假设一：企业社会责任信息披露能够抑制企业关联交易行为。

7.1.2 社会责任信息披露对异常关联交易抑制作用影响机理

基于掏空目的的关联交易行为，侵占了中小股东的利益，被认定为异常关联交易（Jian 和 Wong，2010）。对于正常的关联交易，无论企业社会责任信息是否披露、披露的质量如何，这类关联交易均会发生。对于异常关联交易来说，企业社会责任信息披露能够对控股股东和管理层的行为进行约束，抑制其利用非公允关联交易进行利益侵占的行为。换言之，企业社会责任信息披露能够发挥一定的监督作用，制约异常关联交易的发生。无论企业是否披露社会责任信息，正常关联交易和异常关联交易可能同时在企业中存在，但是相比正常关联交易，企业社会责任信息披露对异常关联交易具有监督和抑制作用，即异常关联交易对企业社会责任信息披露的反应更敏感。基于上文的机理分析，本章提出对应假设：

假设二：企业社会责任信息披露对异常关联交易的影响要比对正常关联交易的影响更大。

7.1.3 不同披露意愿下的企业社会责任信息披露对关联交易的影响机理

企业社会责任信息披露有应规披露和自愿披露之分。随着披露要求的不同，企业披露社会责任信息可能产生不同的影响（Cahan 等，2016）。强制性的社会责任信息披露并不能从根本上改善公司的信息透明度。Lin（2010）的研究中也指出，在中国，企业社会责任信息的强制性披露所展示的信息真实性有限，可信度值得商榷，因此对公司信息透明度的改善作用较小。另外，企业社会责任行为的结果直接受到其动机的影响，相比自愿披露社会责任信息的企业来说，难以判断强制披露社会责任信息的上市公司承担社会责任是否仅仅出于合法性动机，如果仅出于合法性动机而披露社会责任信息，那么很难分辨社会责任信息披露是否对企业治理真正具有积极意义。相应地，自愿披露可能是出于伦理动机或者是机会主义的动机（陈国辉、关旭和王军法，2018）。对于自愿披露社会责任报告的企业而言，当企业社会责任信息披露质量较高时，能够为投资者释放出更加完整的信息，对信息不对称的降低效果较为明显（Dhaliwal 等，2011；Cheng、Ioannou 和 Serafeim，2014）。同时，自愿进行社会责任信息披露的企业，可能存在更少的道德风险问题。因此，出于自愿的社会责任信息披露对关联交易具有更强的抑制作用。基于上文中应规披露和自愿披露社会责任信息对关联交易影响的分析，本章提出对应假设：

假设三：与强制披露相比，社会责任信息披露对公司关联交易的抑制作用在自愿披露的企业中更强。

7.2 企业社会责任信息披露影响关联交易的实证研究

7.2.1 数据来源

本章以 2010—2017 年在沪深两市上市的企业作为研究样本，并对数据做了如下处理：（1）剔除了金融类公司样本；（2）剔除了 ST、*ST 和 PT 类公司样本；（3）剔除了财务数据缺失的公司样本；（4）为了防止异常值的影响，本章对所有的连续变量在 1% 和 99% 的水平上进行了缩尾处理。经过筛选，最后得到 20508 个样本观测值。文中的社会责任信息披露数据、关联交易数据和财务

第 7 章　企业社会责任信息披露对关联交易及关联担保的影响效应研究

数据来自 CSMAR 中国经济金融研究数据库，社会责任指数来自和讯网，采用的统计软件包括 Excel、Stata16.0 等。

7.2.2　变量选择

（1）关联交易的衡量

尽管关联交易可能同时涉及商品、股权、资产、资金等多个经营要素，但整体上，从交易的次数和交易金额的比重来看，商品购销和劳务往来的关联交易是关联交易的主要形式，也是关联交易中最典型、最常见的行为。上市公司往往利用与关联方之间的商品和劳务购销作为虚增利润、编造财务报表甚至转移企业内部资产的手段，这是由于影响企业收入和利润的主要因素是商品和劳务购销（凌士显、凌鸿程和郭建强，2020；郑国坚，2009）。

关联交易购销总水平、关联购买、关联销售。参考郑国坚（2009）以及魏志华、赵悦如和吴育辉（2017）的研究，对于被解释变量关联交易，本章选取了商品和劳务的购买销售作为衡量指标。该变量主要有三个，分别是：（1）关联交易购销总水平（$RPTsum$），即关联交易中购买和销售商品、接受和提供劳务的总额之和占营业收入的比重；（2）关联购买（$RPTbuy$），即关联交易中商品购买和接受劳务的总额占营业收入的比重；（3）关联销售（$RPTsell$），即关联交易中商品销售和提供劳务的总额占营业收入的比重。由于关联交易包含的交易事项众多，关联交易的衡量标准也较多，本章基于回归分析的现实考虑，在进一步检验和稳健性检验中，主要以关联交易购销总水平（$RPTsum$）作为关联交易的替代变量。

关联担保总水平、提供关联方担保、接受关联方担保。结合以往研究，利用担保对上市公司实施"掏空"行为是上市公司实际控制人侵占中小股东利益的典型手段，担保行为是上市公司的控股股东和管理层不顾道德主义进行利益输送的主要渠道。担保在关联交易中的占比较大，是重要且常见的关联交易。为了进一步检验自变量对关联交易的影响，本章增加关联担保总水平（GM）、提供关联方担保（AG）、接受关联方担保（GTS）作为解释变量。其中，担保总水平以关联交易中担保总额除以营业收入来表示，提供关联方担保用关联交易中提供关联方担保的金额除以营业收入表示，接受关联方担保用关联交易中接受担保额除以营业收入表示。

（2）企业社会责任信息披露的衡量

随着资本市场的发展，企业非财务信息披露的经济意义越来越受到市场的关注，社会责任信息披露已经成为衡量企业的关联指标之一，社会责任信息披露的完整度和披露质量成为投资者和外部利益相关者对企业进行评价的重要参考依据，因此，本章选择社会责任信息披露作为自变量（彭晓、修宗峰和刘然，2020）。

关于社会责任报告的披露内容，CSMAR 数据库《上市公司社会责任评价指标》中将其分为 9 个主要类型，具体的 9 个关键披露事项见表 5-1。本章借鉴彭晓、修宗峰和刘然（2020），李志斌和章铁生（2017）的做法，依照《上市公司社会责任评价指标》中披露内容的 9 个类型，认定为社会责任信息披露的 9 项指标，进一步对每个指标赋值。如果企业社会责任报告中对该类型的具体事项进行了披露和描述，则该指标赋值为 1，否则为 0。进一步，将各个指标的赋值得分进行加总，计算总和，该得分则代表上市公司的社会责任信息披露的总得分（Score），即自变量企业社会责任信息披露。具体的披露事项和项目定义如表 7-1 所示。

表 7-1　企业社会责任信息披露水平各项指标

序号	具体披露事项	项目定义
（1）	股东权益保护	若企业社会责任报告披露有关股东权益保护信息，则赋值为 1，否则为 0
（2）	债权人权益保护	若企业社会责任报告披露有关债权人权益保护信息，则赋值为 1，否则为 0

续表

序号	具体披露事项	项目定义
(3)	职工权益保护	若企业社会责任报告披露有关职工权益保护信息,则赋值为1,否则为0
(4)	供应商权益保护	若企业社会责任报告披露有关供应商权益保护信息,则赋值为1,否则为0
(5)	客户及消费者权益保护	若企业社会责任报告披露有关客户及消费者权益保护信息,则赋值为1,否则为0
(6)	环境和可持续发展	若企业社会责任报告披露有关环境和可持续发展信息,则赋值为1,否则为0
(7)	公共关系和社会公益事业	若企业社会责任报告披露有关公共关系和社会公益事业信息,则赋值为1,否则为0
(8)	社会责任制度建设及改善措施	若企业社会责任报告披露有关社会责任制度建设及改善措施信息,则赋值为1,否则为0
(9)	安全生产内容	若企业社会责任报告披露有关安全生产内容信息,则赋值为1,否则为0
总和	企业社会责任信息披露得分	事项(1)—(9)赋值之后,计算总和,即为企业社会责任信息披露得分

(3) 调节变量

披露意愿($Disclose$):企业社会责任信息自愿披露时,该指标取值为1;应规披露时,该指标取值为0。

(4) 控制变量

结合研究需要并借鉴已有文献,研究时主要选择了以下控制变量:企业规模($Size$)、总资产净利润率(ROA)、资产负债率(Lev)、营业收入增长率($Growth$)、股权集中度($TOP1$)、股权制衡度($Balance$)、董事会规模($Board$)、独立董事占比($Director$),此外,在回归中控制了行业和年度效应。具体的控制变量及其定义如表7-2所示。

表7-2 变量名称及定义

变量名称	符号	定义
(1) 解释变量		
企业社会责任信息披露得分	Score	企业社会责任信息披露的9个关键事项,某项披露赋值为1,否则为0,计算总得分
(2) 被解释变量		
关联交易购销总水平	RPTsum	(购买、销售商品+接受、提供劳务总额) /营业收入
关联购买	RPTbuy	(购买商品+接受劳务总额) /营业收入
关联销售	RPTsell	(销售商品+提供劳务总额) /营业收入
正常关联交易	PreRPT	根据公式(7-4)估计的关联交易预测值
异常关联交易	AbRPT	根据公式(7-4)估计的关联交易残差
关联担保总水平	GM	(关联担保总额) /营业收入
提供关联方担保	AG	(提供关联方担保总额) /营业收入
接受关联方担保	GTS	(接受担保总额) /营业收入
(3) 调节变量		
披露意愿	Disclose	自愿披露时 Disclose = 1,否则 Disclose = 0
(4) 控制变量		
公司规模	Size	总资产的自然对数
总资产净利润率	ROA	净利润/总资产
资产负债率	Lev	总负债/总资产
营业收入增长率	Growth	营业收入增长额/上年营业收入总额
股权集中度	TOP1	控股股东的持股比例
股权制衡度	Balance	第2—5大股东持股比例/第一大股东持股比例
董事会规模	Board	董事会董事数量
独立董事占比	Director	独立董事数量与董事规模之比
行业	Indu	哑变量
年度	Year	哑变量

7.2.3 企业社会责任信息披露影响关联方交易效应的实证研究模型构建

为了验证本章假设,实证模型设计如下:

$$RPTsum/RPTbuy/RPTsell = \beta_0 + \beta_1 Score + \beta_2 Size + \beta_3 ROA + \beta_4 Lev + \beta_5 TOP1 + \beta_6 Growth + \beta_7 Board + \beta_8 Balance + \beta_9 Director + \sum Indu + \sum Year + \varepsilon \quad (7-1)$$

公式(7-1)中,被解释变量是关联交易,本章主要采用关联交易商品和劳务购销总额、关联购买、关联销售作为企业关联交易的替代变量。

$$GM/AG/GTS = \beta_0 + \beta_1 Score + \beta_2 Size + \beta_3 ROA + \beta_4 Lev + \beta_5 TOP1 + \beta_6 Growth + \beta_7 Board + \beta_8 Balance + \beta_9 Director + \sum Indu + \sum Year + \varepsilon \quad (7-2)$$

公式(7-2)的被解释变量为关联交易中的担保总额、提供关联方担保额和接受关联方担保额,模型控制了行业固定效应和年份固定效应。

本章借鉴 Jian 和 Wong(2010)的方法对假设二进行验证,在研究模型当中把关联交易划分成两类:正常关联交易以及异常关联交易,以此为基础研究社会责任信息披露对两种性质关联交易的影响。正常关联交易估计模型如公式(7-3)所示。其中 Mtb 表示市值账面比,即公司市值与账面价值的比值。

$$RPTsum = \beta_0 + \beta_1 Lev + \beta_2 Size + \beta_3 Mtb + \sum Indu + \sum Year + \varepsilon \quad (7-3)$$

公式(7-3)中,模型的预测值为正常关联交易 $PreRPT$,其残差项为异常关联交易 $AbRPT$。分别计算出正常关联交易和异常关联交易后,就有以下实证研究模型,如公式(7-4)所示。

$$PreRPT/AbRPT = \beta_0 + \beta_1 Score + \beta_2 Size + \beta_3 ROA + \beta_4 Lev + \beta_5 TOP1 +$$

$\beta_6 Growth + \beta_7 Board + \beta_8 Balance + \beta_9 Director + \sum Indu + \sum Year + \varepsilon$

(7-4)

7.2.4 描述性统计分析结果

表7-3是各主要变量的描述性统计结果。对于自变量来说，企业社会责任信息披露得分的均值为4.0020，方差3.3220，最大值9.0000，最小值0.0000，说明不同上市公司的社会责任信息披露情况差异较明显。在被解释变量方面，上市公司关联交易中购买和销售商品、接受和提供劳务的总额占营业收入的平均比例为0.0346，方差较大，说明上市公司间关联交易购销总水平差异明显。上市公司关联交易中购买商品和接受劳务的总额占营业收入的平均比例为0.0156，上市公司关联交易中销售商品和提供劳务的总额占营业收入的平均比例为0.0167，关联交易中担保总额占营业收入的平均比例为0.3790，上市公司为关联方提供担保的发生额占营业收入、上市公司接受关联方担保的发生额占营业收入的平均比例均为0.1820。在控制变量方面，上市公司的企业规模为19.4200~25.9100，总资产净利润率的平均数为0.0418，资产负债率的平均数为0.4270，股权集中度的平均数为37.7000，股权制衡度的平均数为0.6860，董事会规模的平均数为8.7130，独立董事占比的平均数为37.2800。

表7-3 变量描述性统计

变量	样本数	均值	中位数	方差	最小值	最大值
RPTsum	20508	0.0346	0.0021	0.0930	0.0000	0.6080
RPTbuy	20508	0.0156	0.0002	0.0467	0.0000	0.3270
RPTsell	20508	0.0167	0.0001	0.0563	0.0000	0.4030
GM	20508	0.3790	0.0651	0.7680	0.0000	4.8280
AG	20508	0.1820	0.0000	0.4160	0.0000	2.5650

续表

变量	样本数	均值	中位数	方差	最小值	最大值
GTS	20508	0.1820	0.0000	0.4550	0.0000	2.9910
Score	20508	4.0020	5.0000	3.3220	0.0000	9.0000
Size	20508	21.9700	21.8000	1.2900	19.4200	25.9100
ROA	20508	0.0418	0.0388	0.0525	-0.1620	0.1960
Lev	20508	0.4270	0.4190	0.2150	0.0463	0.9080
Growth	20508	0.4720	0.1460	1.3540	-0.7070	10.1600
TOP1	20508	37.7000	36.2700	15.3200	8.7700	76.5200
Balance	20508	0.6860	0.5170	0.600	0.0236	2.7770
Board	20508	8.7130	9.0000	1.728	5.0000	15.0000
Director	20508	37.2800	33.330	5.2730	33.3300	57.1400

7.3 企业社会责任信息披露影响关联交易和关联担保的实证检验

7.3.1 企业社会责任信息披露抑制关联交易效应检验

表7-4报告了企业社会责任信息披露对公司关联交易的回归结果,其中自变量为企业社会责任信息披露得分($Score$),因变量为关联交易购销总水平($RPTsum$)、关联购买($RPTbuy$)、关联销售($RPTsell$)。表7-4列(1)验证了社会责任信息披露对关联交易购销总水平的影响,回归结果显示,企业社会责任信息披露对关联交易购销总水平的回归系数为-0.0726,在1%的水平下显著,即企业社会责任信息披露与关联交易购销总水平显著负相关;表7-4列(2)验证了企业社会责任信息披露对关联购买的影响,结果显示,社会责任信息披露对关联购买的回归系数为-0.0477,在

1%的水平下显著,表明企业社会责任信息披露与关联购买之间存在显著的负相关关系;表7-4列(3)验证了企业社会责任信息披露对关联销售的影响,结果显示,企业社会责任信息披露对关联销售的回归系数为-0.0188,在10%的水平下显著。回归结果表明,企业社会责任信息披露与关联交易购销总水平、关联购买、关联销售均具有显著的负相关关系,意味着从整体上,企业社会责任信息披露能够显著抑制关联交易水平,这与假设一企业社会责任信息披露能够抑制公司关联交易的研究假设是一致的。

表7-4　企业社会责任信息披露对关联交易的影响分析

变量	(1) RPTsum	(2) RPTbuy	(3) RPTsell
Score	-0.0726***	-0.0477***	-0.0188*
	(-2.9777)	(-3.6481)	(-1.9412)
Size	-0.4181***	-0.1324*	-0.2072**
	(-3.0412)	(-1.7950)	(-2.4241)
ROA	-1.6309	-1.0151	-0.3065
	(-1.1564)	(-1.3418)	(-0.3496)
Lev	0.7151	0.5531*	0.1096
	(1.3004)	(1.8749)	(0.3207)
Growth	0.0694	0.0013	0.0543**
	(1.5596)	(0.0551)	(1.9623)
TOP1	0.0287***	0.0166***	0.0072
	(3.0813)	(3.3282)	(1.2498)
Balance	-0.1701	0.1934*	-0.2854**
	(-0.8149)	(1.7271)	(-2.1990)
Board	0.0004	0.0813**	-0.0772*
	(0.0065)	(2.2246)	(-1.8242)

续表

变量	(1) RPTsum	(2) RPTbuy	(3) RPTsell
Director	-0.0297*	-0.0100	-0.0183*
	(-1.7115)	(-1.0695)	(-1.6980)
Year	Yes	Yes	Yes
Indu	Yes	Yes	Yes
Constant	10.3502***	2.8537	4.9766**
	(3.0118)	(1.5481)	(2.3294)
Observations	20508	20508	20508
R-squared	0.0552	0.0406	0.0364
Number of stkcd	3258	3258	3258

注：括号中为 t 值，表中 *、**、*** 分别代表10%、5%、1%的水平显著，后续表中含义相同。

7.3.2 企业社会责任信息披露对公司关联担保的影响效应检验

表7-5报告了企业社会责任信息披露对公司关联担保的影响。自变量为企业社会责任信息披露得分（Score），因变量为关联担保总水平（GM）、提供关联方担保（AG）、接受关联方担保（GTS）。表7-5列（1）验证了企业社会责任信息披露对关联担保总水平的影响，回归结果显示，企业社会责任信息披露与关联担保总水平显著负相关，回归系数为-0.0042，在5%的水平下显著；表7-5列（2）验证了企业社会责任信息披露对提供关联方担保的影响，结果显示，企业社会责任信息披露对提供关联方担保的回归系数为-0.0017，但并不显著；表7-5列（3）验证了企业社会责任信息披露对接受关联方担保的影响，回归系数为-0.0011，结果不显著。根据以上实证结果可知，企业社会责任信息披露显著抑制了关联担保总水平，但对上市公司向关联方提供担保、接受来自关联方

的担保的抑制作用并不明显。

表 7-5 企业社会责任信息披露对关联担保的影响分析

变量	(1) GM	(2) AG	(3) GTS
Score	-0.0042**	-0.0017	-0.0011
	(-2.0687)	(-1.5981)	(-0.9102)
Size	0.1333***	0.0255***	0.1047***
	(11.6750)	(4.1234)	(14.6979)
ROA	-1.5348***	-0.5847***	-0.7068***
	(-13.1072)	(-9.2308)	(-9.6759)
Lev	0.6236***	0.3135***	0.2550***
	(13.6589)	(12.6911)	(8.9516)
Growth	-0.0070*	-0.0039**	-0.0062***
	(-1.8819)	(-1.9624)	(-2.6943)
TOP1	-0.0010	-0.0001	-0.0010**
	(-1.3290)	(-0.3511)	(-1.9687)
Balance	0.0017	0.0071	-0.0093
	(0.0954)	(0.7555)	(-0.8638)
Board	0.0002	-0.0009	0.0010
	(0.0395)	(-0.2824)	(0.2867)
Director	0.0016	0.0004	0.0015
	(1.0414)	(0.4360)	(1.5663)
Year	Yes	Yes	Yes
Indu	Yes	Yes	Yes
Constant	-2.9969***	-0.5315***	-2.4017***
	(-10.5032)	(-3.4436)	(-13.4939)
Observations	20508	20508	20508
R-squared	0.1377	0.0783	0.1136
Number of stkcd	3258	3258	3258

注：*、**、*** 分别代表10%、5%、1%的显著性水平，双尾检验。

第 7 章 企业社会责任信息披露对关联交易及关联担保的影响效应研究

上述研究结果支持了本章假设一，企业社会责任信息披露对公司关联交易的发生具有抑制作用，对关联交易中的关联担保也具有一定的抑制作用。这说明企业社会责任信息披露能够在一定程度上发挥"监督效应"，对关联交易行为进行约束和监管，抑制关联交易的发生，这对公司具有一定的治理效应。

7.3.3 企业社会责任信息披露抑制异常关联交易效应检验

表 7-6 报告了企业社会责任信息披露对正常关联交易和异常关联的影响。自变量为企业社会责任信息披露得分（$Score$），因变量为正常关联交易（$PreRPT$）和异常关联交易（$AbRPT$）。表 7-6 列（1）验证了企业社会责任信息披露对正常关联交易的影响，结果显示，企业社会责任信息披露对正常关联交易的回归系数为 0.0002，但并不显著，说明企业社会责任信息披露对正常关联交易并无显著影响。表 7-6 列（2）验证了企业社会责任信息披露对异常关联交易的影响，企业社会责任信息披露对异常关联交易的回归系数为 -0.1106，并且在 1% 的水平上显著，说明企业社会责任信息披露与异常关联交易存在显著的负相关关系。根据实证结果，企业社会责任信息披露与异常关联交易显著负相关，但与正常关联交易之间的回归系数并不显著，说明企业社会责任信息披露能够识别关联交易的性质，能够有效抑制异常关联交易，该实证结果验证了假设二。

表 7-6 企业社会责任信息披露对正常关联交易和异常关联交易的影响分析

变量	（1）	（2）
	$PreRPT$	$AbRPT$
$Score$	0.0002	-0.1106***
	(1.2444)	(-3.2037)

续表

变量	(1) PreRPT	(2) AbRPT
Size	-0.6697***	0.0976
	(-1.0495)	(0.4838)
ROA	-0.8068***	-2.6136
	(-2.0101)	(-1.2807)
Lev	1.5858***	0.9290
	(1.6360)	(1.1647)
Growth	0.0015	0.0960
	(1.1589)	(1.4967)
TOP1	0.0025***	0.0388***
	(9.4677)	(2.9004)
Balance	0.0444***	-0.2713
	(7.4833)	(-0.9035)
Board	0.0038**	0.0705
	(1.9836)	(0.7279)
Director	0.0005	-0.0467*
	(0.9205)	(-1.8905)
Year	Yes	Yes
Indu	Yes	Yes
Constant	13.42***	-3.080
	(162.78)	(-0.61)
Observations	19833	19833
R-squared	0.997	0.003
Number of stkcd	3245	3245

注：*、**、***分别代表10%、5%、1%的显著性水平，双尾检验。

第 7 章 企业社会责任信息披露对关联交易及关联担保的影响效应研究

7.3.4 不同披露意愿下的企业社会责任信息披露对关联交易的影响

有研究认为,行业特征、产权性质、披露意愿等因素的差异会导致披露企业社会责任信息的经济回报的不同(Cahan 等,2016)。为了检验这些差异性,本章分别将样本组划分为应规披露组和自愿披露组、国有企业组和非国有企业组以及高制度环境水平组和低制度环境水平组,并进行分组回归。

如表 7-7 所示,检验了不同披露意愿下的企业社会责任信息披露对关联交易的影响。按照企业社会责任报告的披露意愿,将样本分为应规披露组和自愿披露组。自变量为社会责任信息披露得分(Score),因变量为关联交易购销总水平(RPTsum),以关联交易购销总水平作为关联交易的替代变量。结果显示,在自愿披露组中,企业社会责任信息披露对关联交易的回归系数为 -0.0666,在5%的水平上显著负相关,而在应规披露组中,社会责任披露对关联交易的影响效果并不显著。另外,本章基于费舍尔组合检验(Permutation test),检验了分组回归后的组间系数差异,所得到的经验 p 值为 0.023,在 5%的水平上显著,进一步证实了上述差异在统计上的显著性。该实证检验结果验证了假设三,即相比强制披露社会责任报告的上市公司,在自愿披露企业社会责任报告的上市公司中,其社会责任信息披露对关联交易的抑制作用更明显。

表 7-7 不同披露意愿下的企业社会责任信息披露对关联交易的影响

变量	RPTsum	
	应规披露组	自愿披露组
	(1)	(2)
Score	0.1362	-0.0666**
	(1.0079)	(-2.5180)

171

续表

变量	RPTsum	
	应规披露组	自愿披露组
	(1)	(2)
Size	-1.4087**	-0.2661*
	(-2.3160)	(-1.8403)
ROA	8.7106*	-2.7647*
	(1.7451)	(-1.8656)
Lev	3.7196*	0.3756
	(1.7518)	(0.6567)
Growth	0.0795	0.0689
	(0.4980)	(1.4970)
TOP1	0.0476	0.0216**
	(1.3303)	(2.2202)
Balance	0.8356	-0.3422
	(1.0758)	(-1.5744)
Board	0.1079	-0.0177
	(0.6488)	(-0.2311)
Director	-0.0320	-0.0295
	(-0.7111)	(-1.5379)
Year	Yes	Yes
Indu	Yes	Yes
Constant	28.1007*	6.7187*
	(1.8894)	(1.8534)
Observations	3189	17319
R-squared	0.1024	0.0478
Number of stkcd	535	3033
经验 p 值	0.023**	

注：*、**、*** 分别代表 10%、5%、1% 的显著性水平，双尾检验。"经验 p 值"用于检验组间 Score 系数差异的显著性，通过费舍尔组合检验 (Permutation test) 得到。

7.4 企业社会责任信息具体披露事项影响效应及稳健性检验

7.4.1 企业社会责任信息具体披露事项对公司关联交易的影响效应

在表 7-8 和表 7-9 中，自变量为与企业社会责任有关的 9 个关键披露事项，因变量为关联交易购销总水平（$RPTsum$），以关联交易购销总水平作为关联交易的替代变量。结果显示，股东权益保护披露对关联交易的影响在 1% 的显著水平上负相关，系数为 -0.4397；债权人权益保护与关联交易在 5% 的水平上显著负相关，系数为 -0.2929；职工权益保护与关联交易在 5% 的水平上显著负相关，相关系数为 -0.3076，供应商权益保护与关联交易的相关系数为 -0.2902，显著水平为 10%；环境和可持续发展与关联交易在 1% 的显著水平上负相关，相关系数为 -0.3954；公共关系和社会公益事业与关联交易在 1% 的显著水平上呈现负相关，相关系数为 -0.3919；安全生产内容与关联交易的相关系数为 -0.2821，在 5% 的水平上显著。此外，客户及消费者权益保护、社会责任制度建设及改善措施与关联交易的相关系数分别为 -0.1836 和 -0.1737，但结果并不显著。在企业社会责任报告中披露的 9 个关键事项中，其中 7 项对公司关联交易具有显著影响。总体上，企业社会责任披露事项对关联交易的抑制作用较为显著。

7.4.2 基于 Heckman 二阶段回归的稳健性检验

本章采用 Heckman 二阶段法构建模型进行实证检验，以避免由于样本选择偏差所导致的内生性问题。首先，在第一阶建立企业

表7-8　企业社会责任信息关键披露事项对关联交易的影响（1）

变量	RPTsum				
	（1）	（2）	（3）	（4）	（5）
股东权益保护	-0.4397***				
	(-2.8578)				
债权人权益保护		-0.2929**			
		(-2.1147)			
职工权益保护			-0.3076**		
			(-2.0111)		
供应商权益保护				-0.2902*	
				(-1.9032)	
客户及消费者权益保护					-0.1836
					(-1.2208)
Size	-0.4249***	-0.4467***	-0.4376***	-0.4494***	-0.4491***
	(-3.0947)	(-3.2637)	(-3.1889)	(-3.2837)	(-3.2724)
ROA	-1.6321	-1.6241	-1.6517	-1.6287	-1.6492
	(-1.1573)	(-1.1514)	(-1.1711)	(-1.1546)	(-1.1692)
Lev	0.7151	0.7388	0.7101	0.7427	0.7284
	(1.3004)	(1.3434)	(1.2908)	(1.3505)	(1.3244)
Growth	0.0691	0.0690	0.0685	0.0690	0.0682
	(1.5543)	(1.5520)	(1.5405)	(1.5507)	(1.5325)
TOP1	0.0286***	0.0293***	0.0294***	0.0295***	0.0298***
	(3.0699)	(3.1414)	(3.1545)	(3.1664)	(3.1926)
Balance	-0.1714	-0.1563	-0.1631	-0.1533	-0.1546
	(-0.8208)	(-0.7488)	(-0.7809)	(-0.7344)	(-0.7404)
Board	0.0034	0.0028	0.0029	0.0009	0.0015
	(0.0493)	(0.0416)	(0.0431)	(0.0132)	(0.0226)
Director	-0.0294*	-0.0294*	-0.0293*	-0.0296*	-0.0294*
	(-1.6954)	(-1.6972)	(-1.6865)	(-1.7076)	(-1.6961)

续表

变量	RPTsum				
	(1)	(2)	(3)	(4)	(5)
Year	Yes	Yes	Yes	Yes	Yes
Indu	Yes	Yes	Yes	Yes	Yes
Constant	10.3975***	10.7602***	10.5846***	10.8581***	10.7953***
	(3.0260)	(3.1353)	(3.0804)	(3.1647)	(3.1435)
Observations	20508	20508	20508	20508	20508
R-squared	0.0552	0.0550	0.0550	0.0549	0.0548
Number of stkcd	3258	3258	3258	3258	3258

注：*、**、*** 分别代表10%、5%、1%的显著性水平，双尾检验。

表7－9　企业社会责任信息关键披露事项对关联交易的影响（2）

变量	RPTsum			
	(6)	(7)	(8)	(9)
环境和可持续发展	-0.3954***			
	(-2.6687)			
公共关系和社会公益事业		-0.3919***		
		(-2.7397)		
社会责任制度建设及改善措施			-0.1737	
			(-0.7624)	
安全生产内容				-0.2821**
				(-1.9895)
Size	-0.4298***	-0.4237***	-0.4616***	-0.4492***
	(-3.1321)	(-3.0834)	(-3.3775)	(-3.2831)
ROA	-1.6466	-1.6265	-1.6641	-1.6638
	(-1.1675)	(-1.1532)	(-1.1797)	(-1.1796)
Lev	0.7277	0.7257	0.7240	0.7151
	(1.3233)	(1.3196)	(1.3161)	(1.3001)

续表

变量	RPTsum			
	(6)	(7)	(8)	(9)
Growth	0.0692	0.0693	0.0684	0.0687
	(1.5545)	(1.5577)	(1.5378)	(1.5444)
TOP1	0.0291***	0.0294***	0.0301***	0.0299***
	(3.1198)	(3.1539)	(3.2318)	(3.2133)
Balance	-0.1659	-0.1623	-0.1442	-0.1474
	(-0.7946)	(-0.7775)	(-0.6913)	(-0.7065)
Board	0.0002	0.0010	0.0018	0.0011
	(0.0002)	(0.0152)	(0.0267)	(0.0159)
Director	-0.0294*	-0.0294*	-0.0295*	-0.0296*
	(-1.6972)	(-1.6947)	(-1.7004)	(-1.7064)
Year	Yes	Yes	Yes	Yes
Indu	Yes	Yes	Yes	Yes
Constant	10.4817***	10.2812***	10.9782***	10.7879***
	(3.0512)	(2.9890)	(3.2000)	(3.1435)
Observations	20508	20508	20508	20508
R-squared	0.0551	0.0551	0.0548	0.0550
Number of stkcd	3258	3258	3258	3258

注：*、**、***分别代表10%、5%、1%的显著性水平，双尾检验。

社会责任信息披露的 Probit 选择模型，参考以往的研究，主要考虑企业的现金流强度和两职合一对企业社会责任信息披露的影响，基于全样本以是否进行企业社会责任信息披露为被解释变量，以本章所选控制变量及企业的现金流强度和两职合一为解释变量，进行回归后得到选择企业社会责任信息披露的逆米尔斯比（IMR）。其中，企业的现金流强度（Cash）即流动比率（企业流动资产与企业流动负债的比值）；两职合一（Dual），即董事长和总经理是否为同一人，是则取1，否则取0。其次，在第二阶段，借助第一阶段回归得到的 IMR,将其作为控制变量引入第二阶段估计的回归模型中。两阶段的回归结果见表 7-10。

表 7-10 企业社会责任信息披露对关联交易的影响分析:
Heckman 回归结果

变量	Heckman 第一阶段回归	Heckma 第二阶段回归		
	(1)	(2)	(3)	(4)
	是否发布企业社会责任报告	RPTsum	RPTbuy	RPTsell
Cash	-0.0105**			
	(-1.9710)			
Dual	-0.1328***			
	(-5.0825)			
Score		-0.0713***	-0.0457***	-0.3479*
		(-2.9157)	(-3.4833)	(-1.7588)
Size	0.6058***	-5.4462***	-3.3272***	-1.7464**
	(49.9432)	(-4.5963)	(-4.7207)	(-2.4097)
ROA	1.1962***	-11.7900***	-7.5002***	-2.1227
	(4.5772)	(-2.9745)	(-3.1813)	(-0.8756)
Lev	-0.7347***	6.6567***	3.6835***	3.1247***
	(-8.9055)	(3.5769)	(3.3276)	(2.7451)
Growth	-0.0324***	0.1697	0.0527	0.0967
	(-3.7083)	(1.3465)	(0.7032)	(1.2551)
TOP1	-0.0041***	0.1329***	0.0835***	0.0363**
	(-4.8214)	(5.5783)	(5.8876)	(2.4885)
Balance	-0.0928***	2.5417***	1.5932***	0.6395**
	(-4.0353)	(4.8712)	(5.1334)	(2.0040)
Board	0.0348***	-0.0065	0.0549	-0.1608*
	(4.9323)	(-0.0468)	(0.6623)	(-1.8866)

续表

变量	Heckman 第一阶段回归	Heckma 第二阶段回归		
	(1) 是否发布企业社会责任报告	(2) RPTsum	(3) RPTbuy	(4) RPTsell
Director	0.0097***	-0.0374	-0.0088	-0.0311
	(4.3902)	(-1.0176)	(-0.4004)	(-1.3811)
Year	Yes	Yes	Yes	Yes
Indu	Yes	Yes	Yes	Yes
imr		-11.4394***	-6.7452***	-4.0139**
		(-4.1138)	(-4.0781)	(-2.3600)
Constant	-13.6778***	118.9127***	73.5397***	37.8959**
	(-51.0245)	(4.0785)	(4.2405)	(2.1251)
Observations	20454	5319	5319	5319
R-squared	0.0405	0.0935	0.0837	0.0465

注：*、**、*** 分别代表10%、5%、1%的显著性水平，双尾检验。

由表 7-10 列（1）第一阶段回归结果显示，流动比率和两职合一显著影响企业社会责任信息披露；表 7-10 列（2）第二阶段回归结果显示，IMR 的回归系数在 1% 及 5% 的水平下显著，说明了控制样本自选择问题的必要性。另外，三个方程中企业社会责任信息披露的回归系数均显著为负，说明在修正了样本选择偏差导致的内生性问题后，研究结论依然成立。

本章小结

本章研究发现，企业社会责任信息披露对公司关联交易具有显著的抑制作用。特别地，在实证研究中发现，企业社会责任信息披露对关联交易中的关联担保行为也具有抑制作用。我们进一步检验了企业社会责任信息披露对正常和异常关联交易的影响，研究结果发现，与正常关联交易相比，企业社会责任信息披露对异常关联交易的抑制程度更加显著。由于企业社会责任报告的披露形式差异可能导致企业社会责任信息披露对公司关联交易的影响效应存在差异，因此本章分别将样本组划分为强制披露组和自愿披露组分组回归进行检验发现，与强制披露样本组相比，企业社会责任信息披露对我国上市公司关联交易的抑制程度在自愿披露样本组中表现更加显著。此外，本章将企业社会责任报告中9个关键披露事项分别作为自变量代入模型进行检验，研究结果表明，大部分企业社会责任信息披露事项对公司关联交易的影响结果都是显著的，进一步证实了企业社会责任信息披露对公司关联交易的抑制作用。

第8章
担保契约促进企业创新投入和产出的效应研究

创新是企业竞争优势和驱动经济增长的关键（King 和 Levine，1993；Beck 等，2016；Blanco 和 Wehrheim，2017）。资金缺乏是阻碍创新项目发展的主要因素（Holmstrom，1989；Hall 和 Lerner，2010）。竞争市场造成的不确定性和信息不对称，使企业很难为其创新活动获取足够的资源（Arrow，1962）。Stiglitz 和 Weiss（1981）指出，信贷配给是公司在获得债务融资时面临的最艰巨的障碍，购买担保是增加公司信用和缓解信用配给问题的主要路径。Cowling（2010）指出在英国贷款担保计划有助于缓解英国企业面临的信贷配给问题，担保的衍生产品包括 ABS、MBS 和 CDS 等。Chang 等（2019）指出公司债务的信用违约互换（CDS）交易对其技术创新产出产生积极影响。Chang 等（2019）认为 CDS 可以通过提高贷款人的风险承受能力和借款人在创新过程中的风险承担来帮助借款公司。

面临融资约束的公司往往以"抱团取暖"的方式相互担保，以获得贷款融资。担保使银行对公司还款的可能性更有信心，降低了债务的违约率。担保可以降低债务人的成本（Cook 和 Spellmen，1996）。在面临高风险、按照银行最佳利益进行配给时，中资银行建议债务人向第三方购买担保合同，以获得贷款或降低风险。因此，许多公司使用担保合同来获得债务融资并降低财务成本。本章

第 8 章 担保契约促进企业创新投入和产出的效应研究

样本数据中超过72%的上市公司至少使用过一次担保合同,其中6.4%的公司每年使用担保合同。本章重点研究购买担保对被担保企业创新的投入和产出的影响机理效应。

很多研究认为股票融资更有利于企业创新。但是,中国企业往往选择通过债务融资推动从专利到产品的转变,这是中国证监会(以下简称证监会)对股票发行的要求非常严格形成的。例如,对于新发行的股票,公司最近三年的平均股本回报率不应低于6%,现金股利分配必须超过公司最近三年分配利润的30%。因此,国内只有少数上市公司符合发行新股的要求。尤其是在金融危机等困难时期,企业现金分红减少,无法满足证监会新发股权的要求,降低了企业获得股权融资的能力(Zhu和Wang,2013)。特别对于创新企业来说,获得稳定的正净现金流量是非常困难的。这种情况使中国企业更多地依赖债务融资而不是股权融资。本章通过构建理论模型和实证检验,研究担保如何影响被担保企业创新行为的机制和效应,也就是担保行为在我国支撑被担保企业创新的贡献。

8.1 担保契约影响被担保企业的创新机理及研究假设

本研究基于融资、风险、信息不对称和道德风险视角考察担保对企业创新的影响效应。减少融资约束、降低融资成本、增加企业融资可以有效促进企业的创新活动。Guariglia和Liu(2014)利用2000—2007年超过120000家中国非上市公司的数据,研究融资约束对创新行为的影响,发现中国企业的创新活动受到内部融资可得性的限制,其中私营企业受到的影响最大,然后是外资企业,国有企业和集体企业受到的影响最小。Hsu、Tian和Xu(2014)使用32个发达国家和发展中国家的数据,研究金融市场的发展对技术创新有效性的影响，发现依赖外部融资的高技术密集型企业在发达国家的股票市场上表现出更高的创新水平。Pham 等（2018）指出降低资本成本可以有效增加公司的创新行为和专利产出。Cornaggia 等（2015）利用 1976—2006 年美国国家经济研究局（NBER）的公司专利数据，研究发现银行业竞争可以帮助小型创新公司获得融资并提升其创新能力。Acharya 和 Xu（2017）利用 1976—2006 年美国专利商标局（USPTO）的财务和专利数据，研究发现依赖内部资金的企业创新产出更好，上市对创新的影响结果则取决于企业的外部资本需求。

Anuchitworawong、Intarachote 和 Vichyanond（2006）利用泰国 2002—2005 年的数据，研究发现担保可以促进农村和欠发达地区金融业的发展。在智利发行股票可以增加优质公司获得信贷的机会（Benavente，2006）。Bennett、Doran 和 Billington（2005）研究发现担保的出现提高了市场金融服务的数量和质量，担保计划是加强金融业的催化剂。Cowling（2010）指出英国担保计划增加了中小企业获得信贷的机会。Amore、Schneider 和 Žaldokas（2013）研究发现，放松美国各州之间的银行业管制能够有效增加信贷供给，缓解该地区公司的融资约束从而增强企业创新。Kerr 和 Nanda（2015）指出对于拥有可作为抵押品的有形和无形资产的大公司，银行融资可以成为创新融资的重要来源。总的来说，以往的研究表明，担保有助于缓解市场违约风险，提高还款概率，减少信息不对称，降低融资成本，缓解金融约束，促进金融一体化。基于文献分析本章提出假设：

假设一：从促进企业融资视角，企业购买债务担保可以增加企业的创新投入。

技术和市场的风险以及不确定性会影响企业的创新活动。Hsu、Tian 和 Xu（2014）指出，债务融资中的债权人更多地关注公司现金流的稳定性和债务的偿付能力，而较少关注公司价值的最大化，这导致债务融资对高科技企业创新活动的约束更大。Blanco 和 Wehrheim（2017）表明，创新的不确定性使高管更愿意将创新信息私有化，导致创新企业的信息不对称更加严重，进而导致上市公司融资成本增加。市场和技术的不确定性和风险增加了企业的融资成本，抑制了创新活动。

Merton（1977）研究指出，债务担保可以被视为负债的保险，购买担保可以类似于购买看跌期权，担保的价值与债务金额、期限和债务人违约概率有关。Lai 和 Gendron（1994）利用期权理论建立了私人部门债务的价值担保模型，并从逻辑上推导出私人部门的违约风险使该部门的担保价值低于政府部门的担保价值。如果 CDS 可以类比为某种债务担保合同，贷款人也可以将借款人的信用风险转移给 CDS 卖方，包括保险公司、对冲基金和其他金融机构。通过 CDS 进行的信用风险转移会导致贷款人与借款人关系发生变化。Morrison（2005）、Parlour 和 Winton（2013）等研究表明，CDS 削弱了对投保贷款人的监督和干预激励。Shan、Tang 和 Winton（2015）研究表明，在 CDS 交易启动后，贷方施加限制性较低的债务契约，这表明 CDS 替代了债权人保护契约。如果 CDS 能够类比为担保合约，基于文献分析本章提出假设：

假设二：从风险共担视角，企业购买债务担保可以增加企业的创新投入。

担保购买活动可能引发企业之间的道德风险问题（Stiglitz 和 Weiss，1981）。Watanabe 和 Sekino（2016）通过研究日本中小企业的逆向选择和道德风险问题，发现担保机构无法识别高风险或低风险借款人，从而吸引了许多高风险借款人，导致资源配置效率低下。Deng（2004）指出存在运营和管理问题的公司更有可能滥用担保，导致占用和浪费了大量资金，大股东或关联公司常用担保进行风险转移与转嫁，监管部门应着力防范违法担保，控制担保风险。Chaney 和 Thakor（1985）发现当一家公司能够从政府担保中获得最优惠利率以获得融资,那么它很可能会过度投资。Lin、Officer 和 Zou（2011）研究了董事和高级职员责任保险（D&O 保险）对并购（M&A）的影响。研究发现,对于保险水平较高的董事和高级管理人员,并购后的异常收益率显著低于保险水平较低的购买者。保险可以保护他们免受逃避股东责任的惩罚,这一认知导致了更严重的道德风险问题。因此,本章提出假设：

假设三：企业购买担保会增加道德风险,降低资源配置效率,降低企业研发投入与产出。

8.2　模型构建的变量选择和特征分析

本章研发支出和人员数据来自 CSMAR 数据库,衡量研发产出的专利数据整合了 CSMAR 以及国家知识产权局（SIPO）网站的相关数据,担保数据来自 RESSET 临时公告数据库,采用 2007—2016年担保具体数据和临时公告中担保事件样本计算得出当年担保贷款总额,控制变量包括 ROE、总资产、总负债等,均来自 CSMAR 数据库。所有连续变量都在 1% 和 99% 的百分位上进行了缩尾处理,以避免异常值的影响。剔除金融业公司后,本章获得了 2007 年至 2016 年 A 股市场的 22058 个样本。

8.2.1　变量选择依据及其测量

（1）因变量

研发投入：基于 O'Connor 和 Rafferty（2012）、Chuluun、Prevost 和 Upadhyay（2017）、Agénor 和 Neanidis（2015）的研究,本章研发投入用研发强度来衡量,即研发支出除以年初的总资产。Agénor 和 Neanidis（2015）研究发现,人力资本的积累会影响创新的产出和效率,本章将研发人员占总劳动力的比例（RDPerson）

作为企业研发投入的变量。根据 Hsu 等（2014）的研究，总资产价值较大且是存量变量，而债务担保金额和研发投入是流量变量，本章将企业当年的研发总支出按销售额（RDS）计算为 R&D 投入的变量，R&D 的缺失值赋值为零。R&D 产出是当年申请的专利数量，作为衡量创新产出和研发成功的标准（Hirshleifer、Low 和 Teoh，2012）。

（2）自变量

购买债务担保：为了捕捉企业使用债务担保的情况，本章将担保强度指标设计为企业收到的担保金额，并通过一年内担保合同支持的总贷款除以该年末企业的总负债来衡量担保强度，从董事会临时公告中获取担保合同信息。如果一家公司在一年内没有披露任何有关其担保条件的信息，本章将其债务担保强度赋值为零。本章选择担保方上市公司和子公司的担保事件有四种情况：①关联方（包括母公司、兄弟公司、子公司以及直接和间接控股股东）向公司提供担保；②上市公司向其子公司提供担保；③其他关联方向上市公司或子公司提供担保；④非关联方向上市公司及其子公司提供担保。年度接受担保金额为该会计年度涉及事件的总金额。

用担保强度指标衡量保证条件有很多优点。一是担保强度指标既考虑了保险金额，又考虑了保证人与债务人的关系；它比仅考虑公司是否使用 CDS 合同的指标更加全面和具体。二是以担保负债占总债务的比例为变量，可以衡量公司购买的担保数量；这种方法有助于避免担保的或有价值成为无法直接计量的问题。

（3）控制变量

参考 Chang 等（2019）以及 Jia、Huang 和 Zhang（2019）研究对创新的影响因素，本章选择以下控制变量：公司的规模（*Size*）是公司总资产的自然对数、*ROA* 代表公司业绩的资产回报率、*MTB* 代表增长机会的市净率；*SalesGrowth* 为公司增长的另一衡量指标（为年销售增长率加上 1 的自然对数），资产负债率（*Leverage*）为总负债与总资产的比率。鉴于公司年龄反映了公司生命周期对其创新能力的影响（Chang 等，2019），本章将公司年龄用公司成立以来的年数衡量。近年来，中国政府推出了一系列奖励国内企业自主创新的政策，对国有企业（SOE）具有特别重要影响（Jia、Huang 和 Zhang，2019）。因此，本章用 SOE 来描述产权性质（SOE 为国有企业时为 1，否则为 0）。变量定义如表 8-1 所示。

表 8-1　　　　　　　变量特征描述及其测量

变量	定义
创新的测度	
RDS	企业当年的研发总支出按销售额比例计算，研发的缺失值赋值为零
RDPerson	研发人员占员工总数的比例
Patents	年内申请的专利数量
担保和控制变量的测度	
GuaRatio	一年内担保合同支持的贷款金额除以公司年末的总负债。如果一家公司在一年内没有披露有关其担保条件的任何信息，则 GuaRatio 的值为零
Dgua	如果公司在该年度购买债务担保，则虚拟变量等于 1，否则等于 0
ROA	资产回报率定义为净利润除以年末的总资产
Size	会计年度末计量的总资产的自然对数
Leverage	总负债的账面价值除以会计年末总资产
Age	公司成立以来的年数
SalesGrowth	年销售增长率
MTB	公司的市账率定义为公司的市场价值除以年末股权账面价值
SOE	企业为国有企业虚拟变量为 1，否则为 0

续表

变量	定义
CARScore	衡量接受债务担保的公司的隧道行为的分数，计算如下：根据 Ball 和 Brown（1968）计算每个接受担保事件的累积异常回报（CAR）。对于每个事件，如果 CAR 等于或大于 0，则得分为 0；如果 CAR 小于 0，则分数为 100 除以公司在给定年份收到的担保事件数，并将其四舍五入为整数。CARScore 是公司在一个会计年度内接受担保事件的总分
$\Delta liability$	企业本年度与上年度负债总额的差值

8.2.2 变量测量的统计特征

为了刻画本章选择变量的特征，给出描述性统计数据如表 8-2 所示，其中包括 22058 个公司年份。所有连续变量都在 1% 和 99% 的百分位上进行了缩尾处理。发现样本中的公司平均每年将 4.2% 的销售额投入到研发活动。样本中公司的专利活动表现出典型的偏态，平均约 48 项专利，中位数为 7 项专利，最多 20107 项专利。

表 8-2　　　　　　　变量特征描述统计表

Variables	Observations	Mean	Std. dev.	Min	p25	Median	p75	Max
RDS	12252	0.0420	0.0414	0.0003	0.0163	0.0337	0.0506	0.2528
Patents	22058	48.2345	304.2585	0.0000	0.0000	7.0000	27.0000	20107
RDPerson(%)	4611	15.1783	12.9337	0.3400	6.9500	12.0800	18.5500	67.2500
GuaRatio	22057	0.1514	0.3128	0.0000	0.0000	0.0000	0.1628	1.8506
Dgua	22058	0.4616	0.4985	0.0000	0.0000	1.0000	1.0000	1.0000
ROA	22058	0.0387	0.0611	-0.2352	0.0135	0.0372	0.0672	0.2203
Size	22058	21.8231	1.3013	18.9503	20.9086	21.6832	22.5732	25.7397
Leverage	22058	0.4533	0.2287	0.0460	0.2744	0.4456	0.6184	1.1577

续表

Variables	Observations	Mean	Std. dev.	Min	p25	Median	p75	Max
Age	22058	15.2517	5.4775	1.0000	11.0000	15.0000	19.0000	37.0000
SalesGrowth	20829	0.2136	0.5386	-1.1274	-0.0430	0.1240	0.3625	2.6944
MTB	20936	4.3549	4.2082	-0.3380	2.0066	3.1717	5.1390	29.8158
SOE	22058	0.4406	0.4965	0.0000	0.0000	0.0000	1.0000	1.0000
CARScore	9839	52.5930	41.5059	0.0000	0.0000	50.0000	100.0000	104.0000

将整个样本分为两组（即 $Dgua=0$ 和 $Dgua=1$）进行 T 检验，结果如表 8-3 所示。无债务担保企业的平均研发投入强度和研发人员比例显著高于有担保企业；相反，这些公司的平均专利数量较少。对于控制变量，除 SalesGrowth 和 SOE 外，两组均存在显著差异。

表 8-3　　　　　　　　变量差异 T 检验

	$Dgua=0$			$Dgua=1$			Diff.	t value
	N	Mean	SD	N	Mean	SD		
RDS	6465	0.048	0.046	5787	0.039	0.034	0.014	18.607***
Patents	11877	37.345	213.217	10181	60.938	383.723	-23.594	-5.746***
RDPerson(%)	2252	16.603	13.805	2359	13.818	11.888	2.785	7.350***
ROA	11877	0.046	0.078	10181	0.031	0.051	0.015	17.940***
Size	11877	21.510	1.296	10181	22.188	1.210	-0.678	-39.928***
Leverage	11877	0.401	0.241	10181	0.514	0.197	-0.113	-37.774***
Age	11877	14.765	5.512	10181	15.820	5.382	-1.055	-14.324***
SalesGrowth	10734	0.208	0.546	10095	0.220	0.530	-0.012	-1.550
MTB	11054	4.731	4.634	9882	3.935	3.629	0.796	13.722***
SOE	11877	0.436	0.496	10181	0.446	0.497	-0.010	-1.431

注：*、** 和 *** 分别表示在 10%、5% 和 1% 水平上显著。

8.3 担保影响被担保企业创新研发和产出的实证检验

8.3.1 担保对被担保企业研发投入的影响效应

本章用研发支出除以给定年份的销售额来衡量研发投入强度,对有债务担保企业研发投入强度的回归结果如表8-4所示。第(1)列和第(2)列使用虚拟变量 $Dgua$ 作为自变量,表示给定年份的公司是否获得债务担保;第(3)列和第(4)列使用收到的债务担保占总负债的百分比作为自变量,样本仅限于有担保的公司;第(2)列和第(4)列控制了 $\Delta liability$,它衡量给定年份的新债务融资。

表8-4　担保对企业 R&D 投入强度影响的回归结果

Dependent variable	(1)	(2)	(3)	(4)
	研发投入(研发支出/销售额)			
	RDS	RDS	RDS	RDS
$Dgua$	-0.001*	-0.001		
	(-1.748)	(-1.621)		
$GuaRatio$			0.001	0.001
			(1.375)	(1.282)
$\Delta liability$		-0.000***		-0.000**
		(-3.660)		(-2.329)
ROA	-0.059***	-0.058***	-0.041***	-0.041***
	(0.009)	(-6.290)	(-3.959)	(-4.005)
$Size_{t-1}$	-0.002*	-0.002*	-0.003***	-0.003***
	(0.001)	(-1.749)	(-2.946)	(-2.964)

续表

Dependent variable	(1)	(2)	(3)	(4)
	研发投入（研发支出/销售额）			
	RDS	RDS	RDS	RDS
$Leverage_{t-1}$	-0.020***	-0.020***	-0.014***	-0.014***
	(0.003)	(-6.215)	(-3.462)	(-3.597)
Age	0.001*	0.001*	0.002***	0.002***
	(0.001)	(1.904)	(3.746)	(3.787)
SalesGrowth	-0.002**	-0.002**	-0.002***	-0.002**
	(0.001)	(-2.142)	(-2.677)	(-2.359)
MTB	-0.000	-0.000	-0.000	-0.000
	(0.000)	(-0.156)	(-0.852)	(-0.867)
SOE	-0.002	-0.002	-0.005	-0.005
	(0.003)	(-0.950)	(-1.353)	(-1.352)
Intercept	0.087***	0.087***	0.081***	0.081***
	(0.026)	(3.371)	(3.507)	(3.542)
Firm and year fixed effects	Yes	Yes	Yes	Yes
Observations	10374	10374	5364	5364
R^2	0.046	0.047	0.047	0.050
Adjusted R^2	0.044	0.046	0.044	0.047

注：表8-4显示所有回归都包括公司和年度固定效应，t 统计量在系数值下方的括号中给出，*、** 和 *** 分别表示在10%、5%和1%水平上的显著性。

企业获得债务担保的行为与其研发投入强度呈负相关。第（1）列中的系数表明，获得债务担保可显著降低研发投入强度0.1%；第（2）列中系数的统计显著性消失，结合 $\Delta liability$ 的显著负系数，第（2）列揭示获得债务担保对 R&D 投资行为的影响是通过减少融资约束；第（3）列和第（4）列报告没有证据表明获得债务担保可以增加公司的研发投资。实证结果还表明，规模较大、增长率较高、杠杆率较高和较年轻的公司往往具有较低的研发投入强度。

本章使用研发人员比例作为创新投入强度进行进一步的测试,表8-5显示了担保对企业R&D相关人员投入的影响效应回归结果,其中 RDPerson 是参与研发活动的员工人数占公司员工总数的比例。第(1)列和第(2)列没有发现获得债务担保会降低企业研发人员比率的证据,因为 Dgua 的估计系数为负但不显著。对于接受债务担保的子样本,第(3)列和第(4)列以接受担保比率作为关键自变量,GuaRatio 的估计系数为负且在1%的水平上显著。负相关表明债务担保占总债务合同总额的百分比越大,研发人员离开公司的就越多。

表8-5 担保对企业研发人员影响效应回归结果

Dependent variable	(1)	(2)	(3)	(4)
	研发投入(研发人员数/员工总人数)			
	RDPerson	RDPerson	RDPerson	RDPerson
$Dgua$	-0.072	-0.072		
	(-0.256)	(-0.255)		
$GuaRatio$			-1.306***	-1.271***
			(-2.888)	(-2.806)
$\Delta liability$		-0.000		0.000
		(-0.094)		(1.218)
ROA	3.961	3.969	2.614	2.783
	(1.078)	(1.081)	(0.570)	(0.607)
$Size_{t-1}$	-0.239	-0.244	-0.503	-0.424
	(-0.516)	(-0.509)	(-0.846)	(-0.708)
$Leverage_{t-1}$	0.290	0.280	-1.339	-1.101
	(0.174)	(0.165)	(-0.731)	(-0.594)
Age	0.458***	0.459***	0.602***	0.583***
	(2.748)	(2.749)	(3.049)	(2.942)

续表

Dependent variable	(1)	(2)	(3)	(4)
	研发投入(研发人员数/员工总人数)			
	RDPerson	RDPerson	RDPerson	RDPerson
SalesGrowth	-0.482	-0.479	-0.068	-0.109
	(-1.430)	(-1.424)	(-0.178)	(-0.288)
MTB	-0.083	-0.083	-0.090	-0.084
	(-0.899)	(-0.894)	(-0.841)	(-0.787)
SOE	3.129	3.129	4.518	4.511
	(0.861)	(0.860)	(0.874)	(0.878)
Intercept	11.620	11.718	14.696	13.075
	(1.110)	(1.082)	(1.102)	(0.975)
Firm and year fixed effects	Yes	Yes	Yes	Yes
Observations	3911	3911	2191	2191
R^2	0.016	0.016	0.040	0.042
Adjusted R^2	0.013	0.013	0.035	0.037

注：表8-5显示所有回归都包括公司和年度固定效应，t统计量在系数值下方的括号中给出；*、**和***分别表示在10%、5%和1%水平上的显著性。

8.3.2 内生性检验

基于融资约束水平较高的公司有更多的动机获得担保，造成样本选择性偏误。本章使用 KZ 指数（Kaplan 和 Zingales，1997）来衡量财务约束，计算如下：利用 2007—2016 年 A 股上市公司（剔除金融行业公司）的财务数据，剔除缺失数据和当年有 IPO 的数据，得到 19314 个公司年份的计算样本。使用经营净现金流占总资产（$CF/Asset_{t-1}$）、现金持有占总资产（$DIV/Asset_{t-1}$）、现金股利占总资产（$CASH/Asset_{t-1}$）、leverage 和 Tobin's Q 五变量来衡量财务约束的程度，并计算这些变量在每年的中位数。如果 $CF/Asset_{t-1}$

（$DIV/Asset_{t-1}$ 或 $CASH/Asset_{t-1}$）小于它的中位数，设置 kz1（kz2 或 kz3）= 1，否则 kz1（kz2 或 kz3）= 0；如果杠杆（Tobin's Q）大于其中位数，设置 kz4（或 kz5）= 1，否则 kz4（或 kz5）= 0。kz = kz1 + kz2 + kz3 + kz4 + kz5。kz < 2 表示企业财务约束较小，而 kz > 3 表示企业财务约束比较严重。采用倾向得分匹配（PSM）包括财务约束在内的关键属性来进行控制，*leverage* 及其平方项、公司规模、*ROA* 和产权性质给出 kz 作为因变量进行有序逻辑回归如表 8 - 6 所示，表明 PSM 匹配后的回归结果与主检验回归一致。随后，本章对不同融资约束组成的子样本进行回归如表 8 - 7 所示。对于不同的融资约束子样本，融资约束程度较低的企业担保对于 R&D 投资的负面影响更为严重，揭示本章的结果不是因为样本的自选择效应产生。

表 8 - 6　　　　内生性检验（PSM）的回归结果

Dependent variable	(1)	(2)	(3)	(4)
	研发投入（研发支出/销售额）			
	RDS	RDS	RDS	RDS
Dgua	-0.001*	-0.001		
	(-1.768)	(-1.642)		
GuaRatio			0.001	0.001
			(1.374)	(1.280)
$\Delta liability$		-0.000***		-0.000**
		(-3.662)		(-2.331)
ROA	-0.059***	-0.059***	-0.041***	-0.042***
	(-6.373)	(-6.353)	(-3.944)	(-3.996)
$Size_{t-1}$	-0.002*	-0.002*	-0.003***	-0.003***
	(-1.717)	(-1.734)	(-2.943)	(-2.961)
$Leverage_{t-1}$	-0.020***	-0.020***	-0.014***	-0.014***
	(-6.061)	(-6.170)	(-3.469)	(-3.603)

续表

Dependent variable	(1)	(2)	(3)	(4)
	研发投入（研发支出/销售额）			
	RDS	RDS	RDS	RDS
Age	0.001*	0.001**	0.002***	0.002***
	(1.867)	(1.963)	(3.746)	(3.784)
SalesGrowth	-0.002**	-0.002**	-0.002***	-0.002**
	(-2.464)	(-2.066)	(-2.657)	(-2.372)
MTB	-0.000	-0.000	-0.000	-0.000
	(-0.1106)	(-0.127)	(-0.847)	(-0.854)
SOE	-0.002	-0.002	-0.005	-0.005
	(-0.940)	(-0.951)	(-1.353)	(-1.351)
Intercept	0.086***	0.086***	0.081***	0.081***
	(3.327)	(3.334)	(3.506)	(3.543)
Firm and year fixed effects	Yes	Yes	Yes	Yes
Observations	10352	10352	5357	5357
R^2	0.046	0.047	0.047	0.050
Adjusted R^2	0.044	0.046	0.045	0.047

注：表8-6中 Size 和 Leverage 滞后一年，所有回归都包括公司和年度固定效应，t 统计量在系数值下方的括号中给出；*、** 和 *** 分别表示在10%、5%和1%水平上的显著性。

表8-7　内生性检验（区分具有不同融资约束水平的子样本）

Dependent variable	(1)	(2)	(3)	(4)
	low (kz<3)		high (kz≥3)	
	RDS	RDS	RDS	RDS
Dgua	-0.001		-0.0002	
	(-1.484)		(-0.162)	
GuaRatio		0.001		0.0021
		(1.160)		(1.0628)

第8章 担保契约促进企业创新投入和产出的效应研究

续表

Dependent variable	(1) low (kz<3)	(2) low (kz<3)	(3) high (kz≥3)	(4) high (kz≥3)
	RDS	RDS	RDS	RDS
$\Delta liability$	-0.000***	-0.000*	-0.000**	-0.000
	(-3.755)	(-1.939)	(-2.067)	(-1.596)
ROA	-0.068***	-0.054***	-0.042***	-0.034***
	(-4.266)	(-3.278)	(-3.738)	(-2.586)
$Size_{t-1}$	-0.001	-0.004*	-0.003	-0.004*
	(-0.514)	(-1.892)	(-1.301)	(-1.864)
$Leverage_{t-1}$	-0.022***	-0.008	-0.018***	-0.019**
	(-5.432)	(-1.570)	(-2.630)	(-2.514)
Age	-0.001	0.002***	0.001	0.002
	(-0.685)	(2.944)	(0.979)	(1.638)
SalesGrowth	-0.002*	-0.003**	-0.002**	-0.002**
	(-1.897)	(-2.103)	(-1.994)	(-2.209)
MTB	-0.0003	0.000	0.000	-0.0003*
	(-1.288)	(0.012)	(0.039)	(-1.743)
SOE	0.001	-0.003	-0.004	-0.006
	(0.198)	(-0.656)	(-1.146)	(-1.113)
Intercept	0.085***	0.084**	0.113**	0.105**
	(2.679)	(2.169)	(2.078)	(2.310)
Firm and year fixed effects	Yes	Yes	Yes	Yes
Observations	5724	2539	4650	2825
R^2	0.052	0.052	0.048	0.068
Adjusted R^2	0.049	0.046	0.045	0.063

注：表8-7中 Size 和 Leverage 滞后一年，所有回归都包括公司和年度固定效应，t 统计量在系数值下方的括号中给出；*、** 和 *** 分别表示在10%、5%和1%水平上的显著性。

8.3.3 专利活动

本章讨论企业购买债务担保与创新活动成果之间的关系如表 8-8 所示。第（1）列和第（2）列表明 Dgua 的估计系数为正且在 5% 的水平上显著，揭示有债务担保的公司在本期拥有更高的专利数量产生，认为如果商业化（而不是创新）是资本密集型的，公司会选择上市将现有创新商业化，这样将重点转移到商业化会导致企业创新较少。表 8-8 的第（1）列和第（2）列 Dgua 系数为正且显著，揭示专利数量较多的企业需要更多的融资才能将其商业化，担保债务融资是上市公司的有效选择。表 8-8 中使用的其他变量的系数与已有研究发现基本一致，例如，较大的公司拥有更多的专利，企业年龄与创新正相关等。

表 8-8　有担保的公司专利数量的回归结果

Dependent variable	(1) $ln(1+Patents)$	(2) $ln(1+Patents)$	(3) $ln(1+Patents)$	(4) $ln(1+Patents)$
Dgua	0.052** (2.553)	0.050** (2.431)		
GuaRatio			-0.053 (-1.284)	-0.051 (-1.234)
$\Delta liability$		0.000* (1.733)		0.000 (0.484)
ROA	0.705*** (3.387)	0.704*** (3.388)	0.828** (2.516)	0.830** (2.520)
$Size_{t-1}$	0.259*** (9.341)	0.258*** (9.288)	0.209*** (4.905)	0.208*** (4.877)
$Leverage_{t-1}$	0.044 (0.477)	0.056 (0.606)	-0.038 (-0.288)	-0.030 (-0.218)

续表

Dependent variable	(1) $ln(1+Patents)$	(2) $ln(1+Patents)$	(3) $ln(1+Patents)$	(4) $ln(1+Patents)$
Age	0.114***	0.112***	0.148***	0.147***
	(5.350)	(5.277)	(4.777)	(4.776)
SalesGrowth	0.036*	0.031*	-0.027	-0.029
	(1.959)	(1.684)	(-1.070)	(-1.142)
MTB	-0.013***	-0.013***	-0.010*	-0.010*
	(-4.549)	(-4.503)	(-1.929)	(-1.905)
SOE	-0.085	-0.082	0.024	0.026
	(-0.871)	(-0.836)	(0.170)	(0.183)
Intercept	-5.295***	-5.240***	-4.668***	-4.653***
	(-7.995)	(-7.958)	(-4.747)	(-4.740)
Firm and year fixed effects	Yes	Yes	Yes	Yes
Observations	18126	18126	9096	9096
R^2	0.193	0.194	0.183	0.183
Adjusted R^2	0.192	0.193	0.181	0.181

注：表8-8中因变量是专利数加上1的自然对数，Size和Leverage滞后一年，所有回归都包括公司和年度固定效应，t统计量在系数值下方的括号中给出；*、**和***分别表示在10%、5%和1%水平上的显著性。

8.3.4 进一步检验

一是关注担保人和债务人的关系。本章选择担保方上市公司和子公司的担保事项有四种不同的情景：①关联方（包括母公司、兄弟公司、子公司以及直接和间接控股股东）为公司提供担保；②上市公司为其子公司提供担保；③其他关联方为上市公司或子公司提供担保；④非关联方为上市公司及其子公司提供担保。四个自变量分别对应于四个场景：场景①Rel_co，场景（b）Co_sub，场景(c) *Rel_sub* 和场景(d) *NRGuaRatio*。每个变量的计算方法是接受担保的年度金额除以总负债如表 8-9 第(1)列和第(2)列显示的结果。第(1)列所示 *Rel_co* 的估计系数为正,且在 5% 的水平上显著,表明仅从其关联方获得担保,企业呈现出更高的研发投入强度。第(2)列中 *Co_sub* 的负显著系数表明,接受担保对研发人员流动的负向影响主要在上市公司对其子公司的担保。

表 8-9　担保对企业 R&D 投入影响的回归结果
（区分担保人与担保动机）

Dependent variable	(1)	(2)	(3)	(4)
	关联方		掏空效应	
	RDS	RDPerson	RDS	RDPerson
Rel_co	0.007**	-1.054	0.004	-2.310
	(2.234)	(-0.477)	(1.422)	(-1.135)
Co_sub	0.0004	-1.411**	0.0002	-1.264**
	(0.374)	(-2.442)	(0.188)	(-2.176)
Rel_sub	-0.0002	1.842	-0.002	-0.536
	(-0.016)	(0.297)	(-0.171)	(-0.084)
NRGuaRatio	0.007	17.242	0.002	-4.306
	(0.605)	(1.277)	(0.132)	(-0.492)
$\Delta liability$	-0.000**	0.000	-0.000*	0.000
	(-2.351)	(1.270)	(-1.926)	(1.187)
CARScore			-0.000	-0.002
			(-1.368)	(-0.710)
ROA	-0.041***	3.321	-0.046***	4.931
	(-3.996)	(0.767)	(-4.1054)	(1.2224)
$Size_{t-1}$	-0.003***	-0.369	-0.003**	0.132
	(-2.882)	(-0.637)	(-2.431)	(0.283)
$Leverage_{t-1}$	-0.014***	-0.664	-0.014***	-1.025
	(-3.661)	(-0.358)	(-3.536)	(-0.531)

续表

Dependent variable	(1)	(2)	(3)	(4)
	关联方		掏空效应	
	RDS	RDPerson	RDS	RDPerson
Age	0.002***	0.595***	0.002***	0.517**
	(3.810)	(2.989)	(3.870)	(2.579)
SalesGrowth	-0.002**	-0.170	-0.003***	-0.355
	(-2.361)	(-0.460)	(-2.695)	(-0.888)
MTB	-0.0001	-0.072	-0.000	0.022
	(-0.795)	(-0.685)	(-0.196)	(0.238)
SOE	-0.004	4.628	-0.003	4.471
	(-1.274)	(0.887)	(-0.853)	(0.875)
Intercept	0.079***	11.298	0.065***	1.232
	(3.449)	(0.882)	(2.913)	(0.126)
Firm and year fixed effects	Yes	Yes	Yes	Yes
Observations	5364	2191	5166	2085
R^2	0.051	0.045	0.052	0.045
Adjusted R^2	0.048	0.039	0.049	0.038

注：表8-9列（1）和列（3）中因变量是 RDS，列（2）和列（4）中因变量是 RDPerson。Size 和 Leverage 滞后一年；所有回归都包括公司和年度固定效应，t 统计量在系数值下方的括号中给出；*、** 和 *** 分别表示在 10%、5% 和 1% 水平上的显著性。

本章使用 Ball 和 Brown（1968）计算每个接收担保事件的累积异常收益（CAR），包括三个关联方担保场景和一个非关联方场景，然后给出 CAR 的相对分数。具体计算如下：如果 CAR 等于或大于 0，则得分为 0；如果 CAR 小于 0，则分数为 100 除以公司在给定年份收到的担保事件数，并将其四舍五入为整数。CARScore 是公司在给定年份接受担保事件的总分。通过控制 CARScore，在表8-9 的第（3）列和第（4）列中，同时解决了关联方效应和掏空效应的问题。控制 CARScore 后，第（1）列中 Rel_co 与 RDS 的正相关消失，Co_sub 与 $RDPerson$ 的负相关成立，表明关联方存在向上市公司提供担保以谋取利益的动机。

二是担保融资对创新产出产生滞后效应。本章研究在掏空效应有和无两种情况下获得债务担保对一年、两年和三年滞后专利数量的影响如表 8-10 所示。在表 8-10 中观察到表 8-8 中的正显著关系在较长的滞后效应中消失。表 8-10 第（6）列（即滞后 3年）中 $GuaRatio$ 的估计系数是微不足道的负值。在表 8-11 中加入 $CARScore$ 变量来控制掏空效应结果与表 8-7 相同。

表 8-10　　担保对公司后期专利数量影响效应的回归结果

Dependent variable	(1)	(2)	(3)	(4)	(5)	(6)
	$ln(1+Patents_{t+k})$					
	k=1	k=1	k=2	k=2	k=3	k=3
$Dgua$	0.033		0.021		0.035	
	(1.644)		(0.948)		(1.444)	
$GuaRatio$		0.019		0.049		-0.134**
		(0.484)		(1.120)		(-2.315)
$\Delta liability$	0.000	0.000	0.000	0.000	0.000	0.000
	(1.406)	(0.130)	(0.628)	(0.060)	(0.437)	(0.255)
ROA	1.162***	1.380***	1.074***	1.324***	0.213	0.034
	(5.837)	(4.145)	(5.320)	(3.908)	(0.999)	(0.079)
$Size_{t-1}$	0.234***	0.194***	0.106***	0.118***	0.040	0.112**
	(8.882)	(5.008)	(4.106)	(2.975)	(1.148)	(2.129)
$Leverage_{t-1}$	0.034	-0.060	-0.187**	-0.067	0.167	0.038
	(0.390)	(-0.432)	(-2.215)	(-0.456)	(1.471)	(0.208)
Age	-0.042*	0.028	-2.768***	-3.027***	0.179***	0.172***
	(-1.940)	(0.891)	(-71.408)	(-56.128)	(8.231)	(5.190)
$SalesGrowth$	0.010	-0.026	-0.034*	-0.033	0.028	0.019
	(0.583)	(-0.946)	(-1.820)	(-1.161)	(1.356)	(0.621)

续表

Dependent variable	(1)	(2)	(3)	(4)	(5)	(6)
	$ln(1+Patents_{t+k})$					
	k = 1	k = 1	k = 2	k = 2	k = 3	k = 3
MTB	-0.006**	-0.001	0.002	0.007	-0.006	0.008
	(-1.985)	(-0.115)	(0.645)	(1.231)	(-1.523)	(1.003)
SOE	0.048	0.128	-0.037	-0.067	0.163	-0.004
	(0.523)	(0.841)	(-0.428)	(-0.507)	(1.584)	(-0.027)
Intercept	-1.796***	-2.076**	50.959***	55.971***	-1.423*	-2.702**
	(-2.801)	(-2.184)	(59.654)	(45.600)	(-1.889)	(-2.328)
Firm and year fixed effects	Yes	Yes	Yes	Yes	Yes	Yes
Observations	18034	9057	17972	9023	10811	5108
R^2	0.161	0.155	0.489	0.542	0.074	0.064
Adjusted R^2	0.160	0.154	0.488	0.541	0.073	0.062

注：表 8-10 研究获得担保后担保对一年、两年和三年滞后专利数量的影响。因变量是 $ln(1+Patents_{t+k})$，其中 k 是指滞后期；Size 和 Leverage 滞后一年；所有回归都包括公司和年度固定效应，t 统计量在系数值下方的括号中给出；*、** 和 *** 分别表示在 10%、5% 和 1% 水平上的显著性。

表 8-11　担保对公司长期专利数量影响效应的回归结果（控制掏空影响）

Dependent variable	(1)	(2)	(3)	(4)	(5)	(6)
	$ln(1+Patents_{t+k})$					
	k = 1	k = 1	k = 2	k = 2	k = 3	k = 3
Dgua	-0.073		-0.020		0.146	
	(-0.794)		(-0.145)		(1.270)	
GuaRatio		0.0173		0.055		-0.139**
		(0.445)		(1.221)		(-2.365)
Δliability	0.000	0.000	-0.000	-0.000	0.000	0.000
	(0.390)	(0.390)	(-0.251)	(-0.233)	(0.507)	(0.399)

续表

Dependent variable	(1)	(2)	(3)	(4)	(5)	(6)
	$\ln(1+Patents_{t+k})$					
	k = 1	k = 1	k = 2	k = 2	k = 3	k = 3
CARScore	0.0001	0.0001	-0.0004	-0.0003	0.0000	-0.0000
	(0.616)	(0.622)	(-1.289)	(-1.183)	(0.036)	(-0.002)
ROA	1.392***	1.409***	1.343***	1.316***	0.026	0.061
	(3.979)	(4.014)	(3.704)	(3.617)	(0.056)	(0.133)
$Size_{t-1}$	0.199***	0.200***	0.104**	0.099**	0.102*	0.110**
	(5.121)	(5.041)	(2.574)	(2.424)	(1.931)	(2.023)
$Leverage_{t-1}$	-0.091	-0.084	-0.001	0.032	0.025	0.022
	(-0.642)	(-0.588)	(-0.005)	(0.219)	(0.131)	(0.115)
Age	0.016	0.015	-3.056***	-3.051***	0.178***	0.177***
	(0.386)	(0.447)	(-54.935)	(-54.812)	(5.260)	(5.211)
SalesGrowth	-0.017	-0.020	-0.054*	-0.054*	0.0300	0.029
	(-0.613)	(-0.687)	(-1.833)	(-1.788)	(0.959)	(0.931)
MTB	-0.002	-0.002	0.005	0.004	0.007	0.007
	(-0.369)	(-0.389)	(0.828)	(0.697)	(0.909)	(0.910)
SOE	0.123	0.123	-0.009	-0.007	0.025	0.014
	(0.761)	(0.762)	(-0.069)	(-0.054)	(0.157)	(0.089)
Intercept	-1.785*	-1.923**	56.892***	56.829***	-2.752**	-2.724**
	(-1.849)	(-1.974)	(44.495)	(44.447)	(-2.371)	(-2.289)
Firm and year fixed effects	Yes	Yes	Yes	Yes	Yes	Yes
Observations	8814	8741	8779	8707	5042	4986
R^2	0.160	0.156	0.544	0.545	0.063	0.064
Adjusted R^2	0.158	0.158	0.544	0.544	0.060	0.062

注：表8-11研究在考虑掏空效应后购买担保对一年、两年和三年后企业专利数量的影响。因变量是$\ln(1+Patents_{t+k})$，其中k是指滞后期。Size和Leverage滞后一年。t统计量在系数值下方的括号中给出。*、**和***分别表示在10%、5%和1%水平上的显著性。

第8章 担保契约促进企业创新投入和产出的效应研究

三是投入因变量的滞后效应（RDS 和 RDPerson）。关键变量 Dgua 对因变量的显著影响在一年滞后时增强，在两年滞后时消失如表 8 – 12 所示；使用关键变量 GuaRatio 进行一年滞后检验影响唯一显著如表 8 – 13 所示。

表 8 – 12　担保对企业研发强度长期效应的回归结果

Dependent variable	(1) RDS_{t+1}	(2) RDS_{t+1}	(3) RDS_{t+2}	(4) RDS_{t+2}
$Dgua$	-0.001**		-0.001	
	(-2.016)		(-1.362)	
$GuaRatio$		-0.0003		0.0001
		(-0.287)		(0.123)
$\Delta liability$	-0.000***	-0.000	-0.000	0.000
	(-3.393)	(-1.222)	(-0.772)	(0.043)
ROA	0.019***	0.027***	0.037***	0.031***
	(2.935)	(2.911)	(4.502)	(2.770)
$Size_{t-1}$	0.0004	0.001	0.003**	0.003**
	(0.488)	(0.553)	(2.512)	(1.998)
$Leverage_{t-1}$	-0.011***	-0.015***	-0.005*	-0.009*
	(-3.660)	(-3.132)	(-1.760)	(-1.876)
Age	-0.001	0.0002	0.003***	0.003***
	(-1.374)	(0.255)	(5.470)	(3.732)
$SalesGrowth$	-0.003***	-0.003**	-0.001	-0.002
	(-3.239)	(-2.468)	(-1.256)	(-1.318)
MTB	-0.0003*	-0.0002	0.0002	0.0001
	(-1.825)	(-1.307)	(1.172)	(0.984)
SOE	0.0001	-0.006	-0.0001	-0.004
	(0.034)	(-1.351)	(-0.018)	(-0.663)
$Intercept$	0.053***	0.027	-0.070***	-0.083**
	(2.829)	(1.060)	(-3.203)	(-2.513)

续表

Dependent variable	(1) RDS_{t+1}	(2) RDS_{t+1}	(3) RDS_{t+2}	(4) RDS_{t+2}
Firm and year fixed effects	Yes	Yes	Yes	Yes
Observations	11245	5790	12147	6265
R^2	0.028	0.035	0.029	0.042
Adjusted R^2	0.027	0.033	0.028	0.040

注：表 8-12 中 *Size* 和 *Leverage* 滞后一年，所有回归都包括公司和年度固定效应，显示了系数估计值，并且它们的标准误按公司聚类。t 统计量在系数值下方的括号中给出。*、** 和 *** 分别表示在 10%、5% 和 1% 水平上的显著性。

表 8-13　担保对企业研发人员投入的长期作用回归结果

Dependent variable	(1) $RDPerson_{t+1}$	(2) $RDPerson_{t+1}$	(3) $RDPerson_{t+2}$	(4) $RDPerson_{t+2}$
$Dgua$	-0.213 (-0.928)		0.005 (0.027)	
$GuaRatio$		-0.695* (-1.875)		0.080 (0.249)
$\Delta liability$	0.000 (0.269)	0.000 (0.302)	-0.000 (-0.900)	0.000 (0.043)
ROA	3.212 (1.312)	4.447* (1.666)	-0.386 (-0.182)	0.134 (0.056)
$Size_{t-1}$	0.483 (1.294)	0.414 (0.900)	0.440 (1.280)	0.191 (0.565)
$Leverage_{t-1}$	-0.158 (-0.136)	0.281 (0.199)	0.200 (0.193)	-0.363 (-0.306)
Age	0.571*** (3.665)	0.658*** (3.013)	0.419*** (2.802)	0.176 (0.841)
$SalesGrowth$	-0.344 (-1.235)	-0.062 (-0.166)	0.0542 (0.202)	0.218 (0.627)

续表

Dependent variable	(1) $RDPerson_{t+1}$	(2) $RDPerson_{t+1}$	(3) $RDPerson_{t+2}$	(4) $RDPerson_{t+2}$
MTB	0.001	0.018	0.051	0.039
	(0.022)	(0.467)	(1.363)	(0.760)
SOE	-1.485	-0.008	-0.908	-2.381*
	(-0.701)	(-0.006)	(-0.815)	(-1.904)
Intercept	-4.621	-6.610	-1.459	7.671
	(-0.599)	(-0.701)	(-0.205)	(1.129)
Firm and year fixed effects	Yes	Yes	Yes	Yes
Observations	5634	3090	7466	4005
R^2	0.024	0.039	0.027	0.031
Adjusted R^2	0.022	0.035	0.026	0.029

注：表 8-13 中 Size 和 Leverage 滞后一年，所有回归都包括公司和年度固定效应，显示了系数估计值，并且它们的标准误按公司聚类。t 统计量在系数值下方的括号中给出。*、** 和 *** 分别表示在 10%、5% 和 1% 水平上的显著性。

本章小结

本章通过对 2007—2016 年上市公司获得的担保情况研究发现，担保占比增加会显著减少公司的研发投入。一是采用上市公司购买担保的数据考察负债衍生品对被担保企业创新活动的影响。克服了已有研究中企业购买的债务衍生证券化产品（如 CDS）无法在微观层面进行准确测度问题。二是不仅考虑了研发投入，还考虑了担保对研发人员的影响，发现短期内债务担保能够有效促进企业进行专利的申请和转化，但随着时间的增长，担保金额的增大，道德风险问题出现，研发人员的数量减少，这将给企业造成不必要的损失。在长期环境下，企业依然需要进一步规划更符合企业长期不断持续创新的金融工具和融资手段，力求不断提高企业创新活力，实现企业经济价值。

参考文献

曹凤岐, 2001. 建立和健全中小企业信用担保体系 [J]. 金融研究 (05): 41-48.

陈承, 王宗军, 叶云, 2019. 信号理论视角下企业社会责任信息披露对财务绩效的影响研究 [J]. 管理学报 16 (03): 408-417.

陈国辉, 关旭, 王军法, 2018. 企业社会责任能抑制盈余管理吗?——基于应规披露与自愿披露的经验研究 [J]. 会计研究 (03): 19-26.

陈克兢, 2017. 媒体监督、法治水平与上市公司盈余管理 [J]. 管理评论 29 (07): 3-18.

陈其安, 张红真, 高国婷, 2015. 基于地方政府担保的投融资平台融资行为模型 [J]. 系统工程学报 30 (03): 319-330.

程丽华, 2019. 大力提升审计质量 服务经济社会发展 [J]. 会计研究 (09): 3-6.

崔建远, 1996. 我国担保法的解释与适用初探 [J]. 吉林大学社会科学学报 (02): 21-28.

翟胜宝, 许浩然, 刘耀淞, 等, 2017. 控股股东股权质押与审计师风险应对 [J]. 管理世界 (10): 51-65.

董峻峰, 1996. 《担保法》关于抵押权之规定的中国特色及其完善 [J]. 中央政法管理干部学院学报 (03): 10-11+38.

董学立, 2017. 担保物权法编纂建议 [J]. 山东大学学报 (哲学社会科学版) (06): 52-63.

樊纲, 王小鲁, 余静文, 2016. 中国分省份市场化指数报告 [M].

北京：社会科学文献出版社.

方意，方明，2012. 中国货币市场基准利率的确立及其动态关系研究［J］. 金融研究（07）：84－97.

冯根福，马亚军，姚树洁，2005. 中国上市公司担保行为的实证分析［J］. 中国工业经济（03）：13－21.

冯照桢，温军，2013. 异质性机构对企业集团关联交易影响的实证研究［J］. 财贸研究 24（02）：129－137.

冯宗宪，郭建伟，霍天翔，2009. 市场基准利率 Shibor 的基准性检验［J］. 西安交通大学学报（03）：24－30.

冯宗宪，郭建伟，孙克，2009. 企业债的信用价差及其动态过程研究［J］. 金融研究（03）：54－71.

傅绍正，曾琦，胡国强，2021. 延期披露年报、审计意见改善与资本市场信息披露［J］. 中国软科学（02）：172－180.

高峰，郭菊娥，龚利，2008. 基础设施项目政府担保的双障碍期权价值研究［J］. 管理工程学报（03）：19－23.

高圣平，2014. 农地金融化的法律困境及出路［J］. 中国社会科学（08）：147－166＋207－208.

高圣平，2016. 担保物权司法解释起草中的重大争议问题［J］. 中国法学（01）：228－246.

高圣平，刘萍，2009. 农村金融制度中的信贷担保物：困境与出路［J］. 金融研究（02）：64－72.

高圣平，张尧，2010. 中国担保物权制度的发展与非典型担保的命运［J］. 中国人民大学学报 24（05）：92－101.

顾海峰，2007. 中小企业信用担保风险形成的内在机制研究［J］. 财经理论与实践（03）：8－11.

顾海峰，2009. 我国中小企业融资担保信用风险的补偿路径研究［J］. 税务与经济（04）：35－39.

顾海峰，2010. 中小企业金融发展的创新路径研究——信贷配给视角下银保风险协作机制的建构 [J]. 山西财经大学学报 32 (01): 36-42.

顾海峰, 2011. 中小企业融资担保风险管理机制的重塑研究 [J]. 南方金融 (04): 8-12.

陈汉鹏, 郭淑娟, 路雅茜, 常京萍, 2019. 高管海外背景、薪酬差距与企业技术创新投入——基于PSM的实证分析 [J]. 华东经济管理 33 (07): 138-148.

郭银岗, 1993. 担保人在延期归还贷款案件中的法律责任 [J]. 人民司法 (03): 26-27.

韩东京, 2008. 所有权结构、公司治理与外部审计监督——来自中国上市公司的经验证据 [J]. 审计研究 (02): 55-64.

韩丽荣, 高瑜彬, 胡玮佳, 2014. 审计理论研究 [M]. 北京: 清华大学出版社.

何青松, 王慧, 孙艺毓, 2019. 企业社会责任决策中的锚定效应 [J]. 社会科学研究 (06): 32-40.

何涌, 翁建兴, 2011. 我国中小企业信用担保市场容量: 测度模型与扩展路径 [J]. 系统工程 (02): 39-43.

贺炎林, 张瀛文, 莫建明, 2014. 不同区域治理环境下股权集中度对公司业绩的影响 [J]. 金融研究 (12): 148-163.

洪金明, 徐玉德, 李亚茹, 2011. 信息披露质量、控股股东资金占用与审计师选择: 来自深市A股上市公司的经验证据 [J]. 审计研究 (02): 107-112.

胡本勇, 雷东, 陈旭, 2010. 基于收益共享与努力成本共担的供应链期权销量担保契约 [J]. 管理工程学报 24 (03): 33-38.

胡朝晖, 丁俊峰, 2009. 利率市场化条件下我国基准利率的选择及Shibor运行效果评析 [J]. 货币政策研究 (05): 38-40.

胡云超, 2009. 资产担保债券发展与金融市场稳定 [J]. 证券市场导报 (04): 12-16.

季斌，2008. LPVR 特许机制下的基础项目融资风险分担策略研 [J]. 中国软科学（07）：113-117.

蒋贤锋，王贺，史永东，2008. 我国金融市场中基准利率的选择 [J]. 金融研究（10）：22-36.

焦瑾璞，朱焕启，1994. 按照国际惯例发展我国的同业拆借市场 [J]. 金融研究（04）：38-41.

金莲花，王珊珊，2017. 反腐对企业会计处理的谨慎性影响研究 [J]. 财会通讯（01）：18-21.

金莲花，王珊珊，郓力元，2016. 上市国有企业高管被查事件的市场反应 [J]. 财会月刊（03）：63-66.

康亚莉，2013. 公司治理结构对关联交易影响的实证研究 [D]. 天津财经大学.

冷奥琳，王梦迪，贾明，2019. 无风险利率影响担保市场交易结构的效应研究 [J]. 系统工程理论与实践 39（07）：1635-1642.

冷奥琳，王梦迪，张俊瑞，2019. 法制环境改革对提供担保经济后果的影响效应研究 [J]. 管理评论 31（08）：26-34.

冷奥琳，张俊瑞，邢光远，2015. 财务特征对担保方定价策略影响的实证研究 [J]. 中国管理科学（06）：152-158.

冷奥琳，张俊瑞，邢光远，2015. 公司对外担保违约风险传递机理和影响效应研究：基于上市公司债券利差数据的实证分析 [J]. 管理评论 27（07）：3-14.

冷奥琳，张俊瑞，邢光远，2016. 财务特征对担保方定价策略影响的实证研究 [J]. 中国管理科学 24（06）：151-158.

冷奥琳，张俊瑞，邢光远，2016. 信息粉饰影响担保行为的机理和效应 [J]. 系统工程理论与实践 36（11）：2802-2810.

李常青，赖建清，2004. 董事会特征影响公司绩效吗？[J]. 金融研究（05）：64-76.

李功国，朱沛智，1994. 商事立法及其责任制度 [J]. 科学·

经济·社会 (04): 64-68.

李国安, 2009. 资产证券化与美国次债危机的法律思考 [J]. 厦门大学学报 (哲学社会科学版) (04): 93-100.

李明发, 1996. 论《担保法》关于保证制度之若干新规定 [J]. 法律科学 (西北政法学院学报) (06): 41-45.

李铭, 2009. 金融危机背景下担保业的行业政策选择 [J]. 财会研究 (22): 54-56.

李四海, 陈旋, 宋献中, 2018. 穷则思"变"抑或穷则思"骗"？——基于业绩下滑企业业绩改善行为研究 [J]. 研究与发展管理 30 (01): 22-33.

李文中, 2014. 小额贷款保证保险在缓解小微企业融资难中的作用——基于银、企、保三方的博弈分析 [J]. 保险研究 (02): 75-84.

李志斌, 章铁生, 2017. 内部控制、产权性质与社会责任信息披露——来自中国上市公司的经验证据 [J]. 会计研究 (10): 86-92+97.

连立帅, 朱松, 陈关亭, 2019. 资本市场开放、非财务信息定价与企业投资 [J]. 管理世界 (08): 136-154.

梁琪, 张孝岩, 过新伟, 2010. 中国金融市场基准利率的培育——基于构建完整基准收益率曲线的实证分析 [J]. 金融研究 (09): 87-105.

凌士显, 凌鸿程, 郭建强, 2020. 董事高管责任保险与上市公司关联交易——基于我国上市公司经验数据的检验 [J]. 证券市场导报 (03): 40-48.

刘彬, 张俊瑞, 白雪莲, 2017. 对外担保与债务成本关系研究——基于审计意见调节效应的视角 [J]. 预测 (02): 9-16.

刘立安, 刘海明, 2017. 上市公司为子公司担保之谜——缓解融资约束还是控股股东利益侵占 [J]. 公司金融 (07): 34-39.

刘少波，2007. 控制权收益悖论与超控制权收益——对大股东侵害小股东的一个新的理论解释 [J]. 经济研究（02）：85-96.

刘小年，郑仁满，2005. 公司业绩、资本结构与对外信用担保 [J]. 金融研究（04）：155-164.

罗荣华，刘劲劲，2016. 地方政府的隐性担保真的有效吗？——基于城投债发行定价的检验 [J]. 金融研究（04）：83-98.

马亚军，冯根福，2005. 上市公司担保行为分析 [J]. 证券市场导报（05）：58-64.

孟勤国，2007. 东施效颦——评《物权法》的担保物权 [J]. 法学评论（03）：158-160.

弥振彪，1994. 抵押、担保贷款制度急待完善 [J]. 西安金融（10）：31-32.

潘敏，李义鹏，2008. 商业银行董事会治理：特征与绩效——基于美国银行业的实证研究 [J]. 金融研究（07）：133-144.

彭晓，修宗峰，刘然，2020. 商帮文化、制度环境与企业社会责任信息披露——基于我国A股民营上市公司的经验证据 [J]. 中南大学学报（社会科学版）26（05）：133-147.

漆江娜，陈慧霖，张阳，2004. 事务所规模·品牌·价格与审计质量——国际"四大"中国审计市场收费与质量研究 [J]. 审计研究（03）：59-65.

饶育蕾，张媛，彭叠峰，2008. 股权比例、过度担保与隐蔽掏空——来自我国上市公司对子公司担保的证据 [J]. 南开管理评论 11（01）：31-39.

十八大文件起草组，2012. 中国共产党第十八次全国代表大会文件汇编 [M]. 北京：人民出版社.

石会文，严瑞麟，1992. 同业拆借市场与国民经济发展关联度的实证分析 [J]. 金融研究（01）：17-25.

时光, 2013. 金融改革与基准利率: 利率市场化与 Shibor 研究 [M]. 北京: 民族出版社.

史浩明, 1994. 我国民法物权制度的立法完善 [J]. 青海社会科学 (01): 112 – 117.

史小坤, 梅芳, 2010. 不同期限结构 SHIBOR 的基准性研究 [J]. 金融与经济 (07): 44 – 51.

宋献中, 胡珺, 李四海, 2017. 社会责任信息披露与股价崩盘风险——基于信息效应与声誉保险效应的路径分析 [J]. 金融研究 (04): 161 – 175.

孙艳, 郭菊娥, 王乐, 等, 2008. 担保物权未按比例分配的贷款担保价值研究 [J]. 预测 (02): 73 – 76.

汪辉, 邓晓梅, 杨伟华, 等, 2016. 中小企业信用再担保体系演化稳定条件分析 [J]. 中国管理科学 24 (07): 1 – 10.

汪健, 2014. 治理特征、治理环境与关联交易: 来自 A 股上市公司的经验证据 [J]. 山西财经大学学报 36 (06): 78 – 89.

王超恩, 张瑞君, 徐鑫, 2016. 集团财务公司效率与企业创新 [J]. 管理科学 29 (01): 95 – 107.

王立彦, 林小驰, 2007. 上市公司对外担保行为的股权结构特征解析 [J]. 南开管理评论 (01): 62 – 69.

王丽, 刘红芬, 2012. 新审计报告准则的变化及其改进研究 [J]. 审计月刊 (10): 43 – 45.

王利明, 2006. 担保物权制度的发展与我国物权法草案 [J]. 山西大学学报 (哲学社会科学版) (04): 1 – 8.

王茂斌, 孔东民, 2016. 反腐败与中国公司治理优化: 一个准自然实验 [J]. 金融研究 (08): 159 – 174.

王申, 汪辉, 黄俊, 2005. 上市公司担保公告的信息含量 [J]. 上海立信会计学院学报 7 (04): 32 – 33.

王世权, 张爽, 刘雅琦, 2016. 母子公司关系网络影响管理审计的内在机理——基于宝钢集团的案例研究 [J]. 会计研究 (02): 81-96.

王烨, 2009. 股权控制链、代理冲突与审计师选择 [J]. 会计研究 30 (06): 65-72+97.

魏志华, 赵悦如, 吴育辉, 2017. "双刃剑"的哪一面: 关联交易如何影响公司价值 [J]. 世界经济 (01): 142-167.

吴秋生, 黄贤环, 2017. 财务公司的职能配置与集团成员上市公司融资约束缓解 [J]. 中国工业经济 (09): 156-173.

吴水澎, 李奇凤, 2006. 国际四大、国内十大与国内非十大的审计质量——来自2003年中国上市公司的经验证据 [J]. 当代财经 (02): 114-118.

向华, 杨招军, 2017. 新型融资模式下中小企业投融资分析 [J]. 中国管理科学 25 (04): 18-25.

肖作平, 2006. 公司治理影响审计质量吗?——来自中国资本市场的经验证据 [J]. 管理世界 (07): 22-33.

谢华, 朱丽萍, 2018. 企业社会责任信息披露与债务融资成本——来自主板重污染上市公司的经验数据 [J]. 财会通讯 (23): 34-38.

徐磊, 2008. 同一债权上保证与物的担保并存之法律分析——兼评《担保法》第28条与《担保法解释》第38条及《物权法》第176条 [J]. 法学杂志 (03): 125-127.

徐菱芳, 陈国宏, 2012. 基于信号传递博弈的产业集群中小企业融资分析 [J]. 中国管理科学 20 (04): 74-78.

许友传, 何佳, 2007. 基于最低净现金流要求的信用担保期权定价 [J]. 系统工程 (06): 121-123.

闫明健, 2010. 利率市场化进程中我国货币市场基准利率的选择 [D]. 上海: 上海社会科学院.

杨安华, 赵昌文, 白广斌, 2012. 基于信贷配给模型的高科技中小企业融资能力提升机制研究 [J]. 管理学报 9 (07): 1001-1006.

杨德明, 2002. 让与担保制度的发展及对我国的启示 [J]. 亚太经济 (06): 70-73.

杨德明, 林斌, 王彦超, 2009. 内部控制、审计质量与代理成本 [J]. 财经研究 (12): 40-49+60.

杨梦洁, 2019. 社会责任信息披露、关联交易比重与企业会计信息透明度 [J]. 财会通讯 (12): 34-38.

叶建清, 2005. 构建银行与担保机构协调机制支持中小企业融资 [J]. 浙江金融 (06): 11-12.

叶永刚, 陈勃特, 2012. 中国政策利率调控对市场基准利率的影响研究 [J]. 管理世界 (04): 169-170.

易纲, 2008. 进一步确立 Shibor 的基准性地位 [J]. 中国货币市场 (01): 1-6.

于李胜, 王艳艳, 陈泽云, 2008. 信息中介是否具有经济附加价值?——理论与经验证据 [J]. 管理世界 (07): 134-144.

余明桂, 夏新平, 2004. 控股股东、代理问题与关联交易:对中国上市公司的实证研究 [J]. 南开管理评论 (06): 33-38+61.

袁萍, 刘士余, 高峰, 2006. 关于中国上市公司董事会、监事会与公司业绩的研究 [J]. 金融研究 (06): 23-31.

岳上植, 范芮希, 2017. 企业社会责任披露意愿对会计信息质量影响分析 [J]. 财会通讯 (19): 13-17+4.

张宸, 高芸芸, 2017. 会计稳健性、社会责任信息披露对投资效率的影响研究——基于资产减值视角 [J]. 财会通讯 (27): 72-77.

张宏亮, 文挺, 2016. 审计质量替代指标有效性检验与筛选 [J]. 审计研究 32 (04): 67-75.

张虎, 朱江, 2011. 机构投资者对关联担保抑制效应的实证研究 [J]. 经济研究导刊 (12): 69-72.

张俊民,李会云,宋婕,2018. 关联担保与公司债务融资成本分析——基于信息风险和债务代理风险的机制检验 [J]. 商业研究(12): 75-80.

张文显,2014. 全面推进法制改革,加快法治中国建设——十八届三中全会精神的法学解读 [J]. 法制与社会发展(01): 5-20.

张晓慧,2011. 全面提升 Shibor 货币市场基准利率地位 [J]. 中国金融(12): 23-25.

张学洪,章仁俊,2011. 大股东持股比例、投资者保护与掏空行为——来自我国沪市民营上市公司的实证研究 [J]. 经济经纬(02): 76-81.

张兆国,李庚秦,刘晓霞,2009. 企业社会责任视角下几个重大财务问题研究——基于利益相关者理论 [J]. 武汉大学学报(哲学社会科学版)62(06): 794-799.

赵艳秉,张龙平,2017. 审计质量度量方法的比较与选择——基于我国 A 股市场的实证检验 [J]. 经济管理 39(05): 146-157.

郑国坚,2009. 基于效率观和掏空观的关联交易与盈余质量关系研究 [J]. 会计研究(10): 68-76+95.

郑国坚,林东杰,张飞达,2013. 大股东财务困境、掏空与公司治理的有效性: 来自大股东财务数据的证据 [J]. 管理世界(05): 157-168.

郑国坚,魏明海,2009. 控股股东内部市场的形成机制研究 [J]. 中山大学学报(社会科学版)49(05): 193-199.

郑建明,范黎波,朱媚,2007. 关联担保、隧道效应与公司价值 [J]. 中国工业经济(05): 64-70.

钟宏武,张蒽,翟利峰,2011. 中国企业社会责任报告白皮书 [M]. 北京: 经济管理出版社.

钟覃琳,陆正飞,袁淳,2016. 反腐败、企业绩效及其渠道效应——基于中共十八大的反腐建设的研究 [J]. 金融研究(09):

161-176.

周霞, 2019. 富贵鸟大股东掏空行为案例研究——基于债权人视角 [D]. 重庆大学硕士学位论文.

朱谦, 2002. 上市公司对外担保的立法缺陷及其补救 [J]. 法学 (07): 67-73.

朱小平, 刘西友, 2009. 代理理论、审计质量与公司治理: 来自中国上市公司的经验证据 [J]. 山西财经大学学报 31 (09): 110-117.

庄鹏飞, 2019. 非审计服务、制度环境与审计质量——基于企业联合购买审计服务与非审计服务的视角 [J]. 管理评论 31 (10): 212-221.

邹国庆, 倪昌红, 2010. 经济转型中的组织冗余与企业绩效: 制度环境的调节作用 [J]. 中国工业经济 29 (11): 120-129.

ACHARYA V V, PEDERSEN L H, PHILIPPON T, 2010. Measuring systemic risk [R]. New York University Stern School of Business.

ACHARYA V, DRECHSLER I, SCHNABL P, 2014. A pyrrhic victory? Bank bailouts and sovereign credit risk [J]. Journal of Finance, 69 (6): 2689-2739.

ACHARYA V, XU Z, 2017. Financial dependence and innovation: The case of public versus private firms [J]. Journal of Financial Economics, 124: 223-243.

ADRIAN T, BRUNNERMEIER M K, 2016. CoVaR [J]. American Economic Review, 106 (7): 1705-1741.

AGENOR P R, NEANIDIS K C, 2015. Innovation, public capital, and growth [J]. Journal of Macroeconomics, 44: 252-275.

ALCHIAN A A, KLEIN B, 1973. On a correct measure of inflation [J]. Journal of Money, Credit and Banking, 5 (1): 173-191.

ALIMOV A, OFFICER M S, 2017. Intellectual property rights and cross – border mergers and acquisitions [J]. Journal of Corporate Finance, 45: 360 – 377.

ALLEN F, CARLETTI E, GOLDSTEIN I, et al. 2018. Government guarantees and financial stability [J]. Journal of Economic Theory, 177: 518 – 557.

AMORE M D, SCHNEIDER C, ŽALDOKAS A, 2013. Credit supply and corporate innovation [J]. Journal of Financial Economics, 109: 835 – 855.

ANGINER D, DEMIRGUC – KUNT A, ZHU M, 2014. How does deposit insurance affect bank risk? Evidence from the recent crisis [J]. Journal of Banking & Finance, 48: 312 – 321.

ANUCHITWORAWONG C, INTARACHOTE T, VICHYANOND P. 2006. The economic impact of small business credit guarantee [J]. Change, 100: 145 – 147.

AOBDIA D, 2019. Do Practitioner assessments agree with academic proxies for audit quality? Evidence from PCAOB and internal inspections [J]. Journal of Accounting and Economics, 67 (1): 144 – 174.

ARROW K, 1962. The rate and direction of inventive activity: economic and social factors. [M]. Princeton University Press.

ASHURI B, KASHANI H, MOLENAAR KR, et al. 2012. Risk – neutral pricing approach for evaluating BOT highway projects with government minimum revenue guarantee options [J]. Journal of Construction Engineering and Management, 138 (4): 545 – 557.

ATTIG N, BOUBAKRI N, El GHOUL S, et al. 2014. Firm internationalization and corporate social responsibility [J]. Journal of Business Ethics, 134: 171 – 197.

BACINELLO AR, 2003. Fair valuation of a guaranteed life insurance participating contract embedding a surrender option [J]. The

Journal of Risk and Insurance, 70 (3): 461 -487.

BACINELLO AR, BIFFIS E, MILLOSSOVICH P, 2010. Regression-based algorithms for life insurance contracts with surrender guarantees [J]. Quantitative Finance, 10 (9): 1077 -1090.

BACINELLO AR, ZOCCOLAN I, 2019. Variable annuities with a threshold fee: valuation, numerical implementation and comparative static analysis [J]. Mathematical & Statistical Methods for Actuarial Sciences & Finance, 42: 21 -49.

BALL R, BROWN P, 1968. An empirical evaluation of accounting income numbers [J]. Journal of Accounting Research, 6 (2): 159 -178.

BALLOTTA L, HABERMAN S, WANG N, 2006. Guarantees in with-profit and unitized with-profit life insurance contracts: fair valuation problem in presence of the default option [J]. Journal of Risk and Insurance, 73 (1): 97 -121.

BARNETT M L, 2007. Stakeholder influence capacity and the variability of financial returns to corporate social responsibility [J]. Academy of management review, 32 (3): 794 -816.

BARRO RJ, 1976. The loan market, collateral, and rate of interest [J]. Journal of Money Credit and Banking, 8: 839 -856.

BAUER D, KLING A, RUSS J, 2008. A universal pricing framework for guaranteed minimum benefits in variable annuities [J]. Astin Bulletin, 38 (02): 621 -651.

BECK T, CHEN T, LIN C, et al. 2016. Financial innovation: The bright and the dark sides [J]. Journal of Banking & Finance, 72: 28 -51.

BELTRATTI A, STULZ RM, 2012. The credit crisis around the globe: Why did some banks perform better? [J]. Journal of Financial

Economics, 105 (1): 1 –17.

BENAVENTE J M, 2006. The role of research and innovation in promoting productivity in Chile [J]. Economics of innovation and New Technology, 15: 301 –315.

BENJAMIN DK, 1978. The use of collateral to enforce debt contracts [J]. Economic Inquiry, 16: 333 –359.

BENNETT F, DORAN A, BILLINGTON H, 2005. Do credit guarantees lead to improved access to financial services? Recent evidence from Chile, Egypt, India, and Poland [J]. Policy Division Working Paper, Department for International Development, London.

BERGER AN, BOUWMAN CHS, 2013. How does capital affect bank performance during financial crises? [J]. Journal of Financial Economics, 109 (1): 146 –176.

BERGER AN, UDELL GF, 1990. Collateral, loan quality and bank risk [J]. Journal of Monetary Economics, 25 (1): 21 –42.

BERKMAN H, COLE R A, FU L J, 2009. Expropriation through loan guarantees to related parties: evidence from China [J]. Journal of Banking and Finance, 33 (1): 141 –156.

BESANKO D, THAKOR A, 1987. Collateral and rationing: sorting equilibria in monopolistic and competitive credit markets [J]. International Economic Review, 98: 671 –690.

BESTER H, 1985. Screening versus rationing in credit markets with imperfect information [J]. The American Economic Review, 75: 850 –855.

BESTER H, 1994. The role of collateral in a model of debt renegotiation [J]. Journal of Money, Credit and Banking, 26: 72 –86.

BIAIS B, GOLLIER C, 1997. Trade credit and credit rationing [J]. The Review of Financial Studies, 10 (4): 903 –937.

BLANCO I, WEHRHEIM D, 2017. The bright side of financial derivatives: Options trading and firm innovation [J]. Journal of Financial Economics, 125: 99 – 119.

BOYLE PP, HARDY MR, 1997. Reserving for maturity guarantees: Two approaches [J]. Insurance Mathematics & Economics, 21 (2): 113 – 127.

BROWNLEES C, ENGLE R F, 2017. SRISK: A conditional capital shortfall measure of systemic risk [J]. Review of Financial Studies, 30 (1): 48 – 79.

BRYAN K, HANNO L, STIJN VN, 2016. Too – systemic – to – fail: What option markets imply about sector – wide government guarantees [J]. Amercian Economic Review, 106 (6): 1278 – 1319.

BURNSIDE C, EICHENBAUM M, REBELO S, 2004. Government guarantees and self – fulfilling speculative attacks [J]. Journal of Economic Theory, 119 (1): 31 – 63.

CAHAN S F, DE VILLIERS C, JETER D C, et al. 2016. Are CSR disclosures value relevant? Cross – country evidence [J]. European accounting review, 25 (3): 579 – 611.

CALIENDO M, KOPEINIG S, 2008. Some practical guidance for the implementation of propensity score matching [J]. Journal of Economic Surveys, 22 (1): 31 – 72.

CARROLL A B, 1979. A three – dimensional conceptual model of corporate performance [J]. Academy of management review, 4 (4): 497 – 505.

CASTRO C, FERRARI S, 2014. Measuring and testing for the systemically important financial institutions [J]. Journal of Empirical Finance, 25: 1 – 14.

CECCHETTI S G, GENBERG H, WADHWANI S, 2002. Asset

prices in a flexible inflation targeting framework [J]. Working paper, NBER.

CHANEY P K, JETER D C, SHIVAKUMAR L, 2004. Self-selection of auditors and audit pricing in private firms [J]. The Accounting Review, 79 (1): 51 -72.

CHANEY P K, THAKOR A V, 1985. Incentive effects of benevolent intervention: The case of government loan guarantees [J]. Journal of Public Economics, 26: 169 -189.

CHANG CC, CHUNG SL, YU MT, 2006. Loan guarantee portfolios and joint loan guarantees with stochastic interest rates [J]. The Quarterly Review of Economics and Finance, 46 (1): 16 -35.

CHANG X, CHEN Y, WANG S Q, et al. 2019. Credit default swaps and corporate innovation [J]. Journal of Financial Economics, 134 (2): 474 -500.

CHEN C J P, SU X, ZHAO R, 2000. An emerging market's reaction to initial modified audit opinions: Evidence from the shanghai stock exchange [J]. Contemporary Accounting Research, 17 (3): 429 -455.

CHEN CM, 2017. Science mapping: a systematic review of the literature [J]. Journal of Data & Information Science, 2 (2): 1 -40.

CHEN J, CUMMING D, HOU W, et al. 2013. Executive integrity, audit opinion, and fraud in Chinese listed firms [J]. Emerging Markets Review, 15: 72 -91.

CHEN P F, HE S, MA Z, et al. 2016. The information role of audit opinions in debt contracting [J]. Journal of Accounting and Economics, 61 (1): 121 -144.

CHEN S, WANG K, LI X, 2012. Product market competition, ultimate controlling structure and related party transactions [J]. China

Journal of Accounting Research, 5 (4): 293 -306.

CHEN Y, WANG Y, LIN L, 2014. Independent directors' board networks and controlling shareholders' tunneling behavior [J]. China Journal of Accounting Research, 7 (2): 101 -118.

CHEN Z, VETZAL K, FORSYTH PA, 2008. The effect of modelling parameters on the value of GMWB guarantees [J]. Insurance: Mathematics and Economics, 43 (1): 165 -173.

CHENG B, IOANNOU I, SERAFEIM G, 2014. Corporate social responsibility and access to finance [J]. Strategic Management Journal, 35 (1): 1 -23.

CHEUNG YL, JING L, LU T, et al. 2009. Tunneling and propping up: An analysis of related party transactions by Chinese listed companies [J]. Pacific Basin Finance Journal, 17 (3): 372 -393.

CHULUUN T, PREVOST A, UPADHYAY A, 2017. Firm network structure and innovation [J]. Journal of Corporate Finance, 44: 193 -214.

COLEMAN TF, KIM Y, LI Y, et al. 2007. Robustly hedging variable annuities with guarantees under jump and volatility risks [J]. The Journal of Risk and Insurance, 74 (2): 347 -376.

COLEMAN TF, LI YY, PATRON MC, 2006. Hedging guarantees in variable annuities under both equity and interest rate risks [J]. Insurance: Mathematics and Economics, 38 (2), 215 -228.

COLUMBA F, GAMBACORTA L, MISTRULLI PE, 2010. Mutual guarantee institutions and small business finance [J]. Journal of Financial Stability, 6: 45 -54.

COOK D O, SPELLMAN L J, 1996. Firm and guarantor risk, risk contagion, and the interfirm spread among insured deposits [J]. Journal of Financial and Quantitative Analysis, 31 (2): 265 -281.

CORNAGGIA J, MAO Y, TIAN X, et al. 2015. Does banking competition affect innovation? [J]. Journal of financial economics, 115: 189 - 209.

COWLING M, 2010. The role of loan guarantee schemes in alleviating credit rationing in the UK [J]. Journal of Financial Stability, 6 (1): 36 - 44.

COWLING M, MITCHELL P, 2003. Is the small firms loan guarantee scheme hazardous for banks or helpful to small business? [J]. Small Business Economics, 21 (1): 63 - 71.

CUMMINS JD, 1988. Risk - based premiums for insurance guaranty funds [J]. The Journal of Finance, 43 (4): 823 - 839.

DAI M, KWOK YK, ZONG JP, 2008. Guaranteed minimum withdrawal benefit in variable annuities [J]. Mathematical Finance, 18 (4): 595 - 611.

DEANGELO L E, 1981. Auditor size and audit quality [J]. Journal of Accounting and Economics, 3 (3): 183 - 199.

DEFOND M L, 1992. The association between changes in client firm agency costs and auditor switching [J]. Auditing: A Journal of Practice & Theory, 11 (1): 16 - 31.

DEFOND M L, WONG T J, LI S, 2000. The impact of improved auditor independence on audit market concentration in China [J]. Journal of Accounting and Economics, 28 (3): 269 - 305.

DEFOND M, ZHANG J, 2014. A Review of Archival Auditing Research [J]. Journal of Accounting and Economics, 58 (2 - 3): 275 - 326.

DENG K, 2004. Research on the problems and risk prevention of external guarantee for listed firms [J]. Securities Market Heraid, 53 - 57.

DHALIWAL D S, LI O Z, TSANG A, et al. 2011. Voluntary nonfinancial disclosure and the cost of equity capital: the initiation of corporate social responsibility reporting [J]. Social Science Electronic Publishing, 86 (1): 59 - 100.

DHALIWAL D S, RADHAKRISHNAN S, TSANG A, et al. 2012. Nonfinancial disclosure and analyst forecast accuracy: International evidence on corporate social responsibility disclosure [J]. Accounting Review, 87 (3): 723 - 759.

DOWNS DH, SOMMER DW, 1999. Monitoring, ownership, and risk - taking: The impact of guaranty funds [J]. Journal of Risk and Insurance, 66: 477 - 497.

DUAN JC, YU MT, 2005. Fair insurance guaranty premia in the presence of risk - based capital regulations, stochastic interest rate and catastrophe risk [J]. Journal of Banking & Finance, 29 (10): 2435 - 2454.

DUARTE FD, GAMA APM, GULAMHUSSEN MA, 2018. Defaults in bank loans to SMEs during the financial crisis [J]. Small Business Economics, 51: 591 - 608.

EGGER P, URL T, 2006. Public export credit guarantees and foreign trade structure: Evidence from Austria [J]. World Economy, 29 (4): 399 - 418.

FAN J P H, WONG T J, 2005. Do external auditors perform a corporate governance role in emerging markets? Evidence from East Asia [J]. Journal of Accounting Research, 43 (1): 35 - 72.

FAVARA G, MORELLEC E, SCHROTH E, et al. 2017. Debt enforcement, investment, and risk taking across countries [J]. Journal of Financial Economics, 123 (1): 22 - 41.

FINKELSTEIN A, POTERBA J, ROTHSCHILD C, 2009. Redistribution by insurance market regulation: Analyzing a ban on gender - based retirement annuities [J]. Journal of Financial Economics, 91 (1): 38 -58.

FIRTH M, FUNG P M Y, RUI O M, 2006. Corporate performance and CEO compensation in China [J]. Journal of Corporate Finance, 12 (4): 693 -714.

FOLEY - FISHER N, MCLAUGHLIN E, 2016. Sovereign debt guarantees and default: Lessons from the UK and Ireland, 1920 -1938 [J]. European Economic Review, 87: 272 -286.

FRANCIS J R, MAYDEW E L, SPARKS H C, 1998. The role of big 6 auditors in the credible reporting of accruals [J]. Auditing: A Journal of Practice & Theory, 18 (2): 17 -34.

GENERAL ACCOUNTING OFFICE (GAO), 2003. Public accounting firms: required study on the potential effects of mandatory audit firm rotation [R]. U. S. Government Accountability Office.

GOODHART C A E, 2002. The organizational structure of banking supervision [J]. Economic Notes, 31 (1): 1 -32.

GREGOR A, MARK M, ERIK S, 2001. New evidence and perspectives on mergers [J]. The Journal of Economic Perspectives, 15 (2): 103 -120.

GROPP R, CHRISTIAN G, ANDRE G, 2014. The impact of public guarantees on bank risk - taking: Evidence from a natural experiment [J]. Review of Finance, 18 (2): 457 -488.

GROPP R, HENDRIK H, ISABEL S, 2011. Competition, risk - shifting, and public bail - out policies [J]. Review of Financial Studies, 24 (6): 2084 -2120.

GROSEN A, JØRGENSEN PL, 2000. Fair valuation of life insurance liabilities: The impact of interest rate guarantees, surrender options, and bonus policies [J]. Insurance: Mathematics and Economics, 26: 37 - 57.

GROSEN A, JØRGENSEN PL, 2002. Life insurance liabilities at market value: an analysis of insolvency risk, bonus policy, and regulatory intervention rules in a barrier option framework [J]. The Journal of Risk and Insurance, 69 (1): 63 - 91.

GUARIGLIA A, LIU P, 2014. To what extent do financing constraints affect Chinese firms' innovation activities? [J]. International Review of Financial Analysis, 36: 223 - 240.

GUL F A, KIM J B, QIU A A, 2010. Ownership concentration, foreign shareholding, audit quality, and stock price synchronicity: evidence from China [J]. Journal of Financial Economics, 95 (3): 425 - 442.

HAGENDORFF J, KEASEY K, VALLASCAS F, 2018. When banks grow too big for their national economies: tail risks, risk channels, and government guarantees [J]. Journal of Financial and Quantitative Analysis, 53 (5): 2041 - 2066.

HALL B H, LERNER J, 2010. The financing of R&D and innovation [J]. Handbook of the Economics of Innovation, 1: 609 - 639.

HANC G, 1999. Deposit insurance reform: State of the debate [J]. FDIC Banking Rev., 12: 1.

HARHOFF D, KORTING T, 1998. Lending relationships in Germany - Empirical evidence from survey data [J]. Journal of Banking & Finance, 22 (10 - 11): 1317 - 1353.

HARKER P T, ZENIOS S A, 2000. What drives the performance of financial institutions [J]. Performance of financial institutions: Efficiency, innovation, regulation, 45 (9): 1.

HIGGINS M J, LACOMBE D J, STENARD B S, et al. 2021.

Evaluating the effects of Small Business Administration lending on growth [J]. Small Business Economics, 57: 23 -45.

HIRSHLEIFER D, LOW A, TEOH S H, 2012. Are overconfident CEOs better innovators? [J]. The journal of finance, 67: 1457 -1498.

HOLMSTROM B, 1989. Agency costs and innovation [J]. Journal of Economic Behavior & Organization, 12: 305 -327.

HONOHAN P, 2009. Partial credit guarantees: Principles and practice [J]. Journal of Financial Stability, 6 (1): 1 -9.

HOVAKIMIAN A, KANE EJ, LAEVEN L, 2003. How country and safety -net characteristics affect bank risk -shifting [J]. Journal of Financial Services Research, 23 (3): 177 -204.

HSU P H, TIAN X, XU Y, 2014. Financial development and innovation: Cross -country evidence [J]. Journal of financial economics, 112: 116 -135.

HUANG W, 2016. Tunneling through related -party loan guarantees: evidence from a quasi -experiment in China [J]. Review of Quantitative Finance and Accounting, 47 (3): 857 -884.

HULL J C, 2015. Options, futures, and other derivatives, 9th edition [M]. Pearson Education.

JENSEN M C, MECKLING W H, 1976. Theory of the firm: managerial behavior, agency costs and ownership structure [J]. Journal of Financial Economics, 3 (4): 305 -360.

JESKE K, KRUEGER D, MITMAN K, 2013. Housing, mortgage bailout guarantees and the macro economy [J]. Journal of Monetary Economics, 60 (8): 917 -935.

JIA N, HUANG K G, MAN ZHANG C, 2019. Public governance, corporate governance, and firm innovation: An examination of state -owned enterprises [J]. Academy of Management Journal, 62:

220 -247.

JIAN M, WONG T J, 2010. Propping through related party transactions [J]. Review of Accounting Studies, 15 (1): 70 -105.

JIANG G, LEE CMC, YUE H, 2010. Tunneling through intercorporate loans: The China experience [J]. Journal of Financial Economics, 98 (1): 1 -20.

JOHNSON S, LA PORTA R, LÓPEZ - DE - SILANES F, et al. 2000. Tunneling [J]. The American Economic Review, 90 (2): 22 -27.

JOHNSON S, MCMILLAN J, WOODRUFF C, 2002. Property rights and finance [J]. American Economic Review, 92 (5): 1335 -1356.

KANG JW, CHOI HGG, 2008. Effect of credit guarantee policy on survival and performance of SMEs in Republic of Korea [J]. Small Business Economics, 31 (4): 445 -462.

KAPLAN S N, ZINGALES L, 1997. Do investment - cash flow sensitivities provide useful measures of financing constraints? [J]. Quarterly Journal of Economics, 112: 169 -215.

KATZ AW, 1999. An economic analysis of the guaranty contract [J]. University of Chicago Law Review, 66 (1): 47 -116.

KEELEY MC, 1990. Deposit insurance, risk and market power in banking [J]. American Economics Review, 5: 1183 -1200.

KEISTER L A, 1998. Engineering growth: business group structure and firm performance in China's transition economy [J]. American journal of sociology, 104 (2): 404 -440.

KERR W R, NANDA R, 2015. Financing innovation [J]. Annual Review of Financial Economics, 7: 445 -462.

KHANNA T, PALEPU K, 2000. Is group affiliation profitable in emerging markets? An analysis of diversified Indian business groups

[J]. Journal of Finance, 55 (2): 867 – 892.

KIM H, YASUDA Y, 2019. Accounting information quality and guaranteed loans: evidence from Japanese SMEs [J]. Small Business Economics, 53: 1033 – 1050.

KING R G, LEVINE R, 1993. Finance, entrepreneurship and growth [J]. Journal of Monetary economics, 32 (3): 513 – 542.

KNECHEL W R, KRISHNAN G V, PEVZNER M, et al. 2013. Audit quality: insights from the academic literature [J]. Auditing: A Journal of Practice & Theory, 32: 385 – 421.

KOUVELIS P, ZHAO W, 2012. Financing the newsvendor: supplier vs bank, and the structure of optimal trade credit contracts [J]. Operations Research, 60: 566 – 580.

LAEVEN L, LEVINE R, 2009. Bank governance, regulation and risk taking [J]. Journal of Financial Economics, 93 (2): 259 – 275.

LAI V S, GENDRON M, 1994. On financial guarantee insurance under stochastic interest rates [J]. Geneva Papers on Risk & Insurance Theory, 19: 119 – 137.

LAI VS, YU MT, 1999. An accurate analysis of vulnerable loan guarantees [J]. Research in finance, 17 (1): 103 – 138.

LEE SJ, MAYERS D, SMITH CW, 1997. Guaranty funds and risk – taking – Evidence from the insurance industry [J]. Journal of Financial Economics, 44: 3 – 24.

LEE YS, 2018. Government guaranteed small business loans and regional growth [J]. Journal of Business Venturing, 33 (1): 70 – 83.

LEONELLO A, 2018. Government guarantees and the two – way feedback between banking and sovereign debt crises [J]. Journal of Financial Economics, 130 (3): 592 – 619.

LI N, 2021. Do majority of minority shareholder voting rights reduce expropriation? Evidence from related party transactions [J]. Journal of Accounting Research, 59 (4): 1385 –1423.

LIN C, OFFICER M S, ZOU H, 2011. Directors' and officers' liability insurance and acquisition outcomes [J]. Journal of Financial Economics, 102: 507 –525.

LIN L W, 2010. Corporate social responsibility in China: Window dressing or structural change [J]. Berkeley Journal of International Law, 28: 64.

LOPEZ DE SILANES F, JOHNSON S, LA PORTA R, et al. 2000. Tunneling [J]. American Economic Review and Proceedings, 90: 22 –27.

LOPEZ – DE – SILANES F, SHLEIFER A, PORTA R L, et al. 1998. Law and finance [J]. Journal of Political Economy, 106 (6): 1113 –1155.

LOVE I, PREVE LA, SARRIA – ALLENDE V, 2007. Trade credit and bank credit: Evidence from recent financial crises [J]. Journal of Financial Economics, 83: 453 –469.

LI K, LU L, QIAN J, et al. 2020. Enforceability and the effectiveness of laws and regulations [J]. Journal of Corporate Finance, 62: 101 –598.

LYS T, NAUGHTON J P, WANG C, 2015. Signaling through corporate accountability reporting [J]. Journal of Accounting and Economics, 60 (1): 56 –72.

MCKINNON R I, PILL H, 1997. Credible economic liberalizations and overborrowing [J]. The American Economic Review, 87 (2): 189 –193.

MCLEAN R D, ZHANG T, ZHAO M, 2012. Why does the law matter? Investor protection and its effects on investment, finance, and growth [J]. The Journal of finance, 67 (1): 313 -350.

MERTON R C, 1997. An analytic derivation of the cost of deposit insurance and loan guarantees: An application of modern option pricing theory [J]. Journal of Banking and Finance, 1 (1): 3 -11.

MERTON RC, BODIE Z, 1992. On the management of financial guarantees [J]. Financial Management, 21 (4): 87 -109.

MILEVSKY M A, SALISBURY T S, 2006. Financial valuation of guaranteed minimum withdrawal benefits [J]. Insurance Mathematics & Economics, 38: 21 -38.

MILTERSEN K R, PERSSON S A, 2003. Guaranteed investment contracts: distributed and undistributed excess return [J]. Scandinavian Actuarial Journal, 4: 257 -279.

MORRISON A D, 2005. Credit derivatives, disintermediation, and investment decisions [J]. The Journal of Business, 78: 621 -647.

MUERMANN A, MITCHELL OS, VOLKMAN JM, 2006. Regret, portfolio choice, and guarantees in defined contribution schemes [J]. Insurance: Mathematics and Economics, 39 (2): 219 -229.

MYERS S C, 1984. The capital structure puzzle [J]. Journal of Finance, 39: 575 -592.

MYERS S C, MAJLUF N S, 2013. Corporate financing and investment decisions when firms have information that investors do not have [J]. Journal of financial economics, (2): 187 -221.

NG C K, SMITH J K, SMITH R L, 1999. Evidence on the determinants of credit terms used in inter-firm trade [J]. The Journal of Finance, 54 (3): 1109 -1129.

NORTH D C, 1990. Institutions, institutional change and economic performance [M]. Cambridge: Cambridge University Press.

O'CONNOR M, RAFFERTY M, 2012. Corporate governance and

innovation [J]. Journal of financial and quantitative analysis, 47: 397 -413.

OH I, LEE JD, HESHMATI A, et al. 2009. Evaluation of credit guarantee policy using propensity score matching [J]. Small Business Economics, 33: 335 -351.

ONO A, UESUGI I, 2009. Role of collateral and personal guarantees in relationship lending: Evidence from Japan's SME loan market [J]. Journal of Money Credit and Banking, 41 (5): 935 -960.

PARLOUR C A, 2013. Winton A. Laying off credit risk: Loan sales versus credit default swaps [J]. Journal of Financial Economics, 107: 25 -45.

PENG WQ, WEI KCJ, YANG Z, 2011. Tunneling or propping: Evidence from connected transactions in China [J]. Journal of Corporate Finance, 17 (2): 306 -325.

Pham L T M, Van Vo L, Le H T T, et al. 2018. Asset liquidity and firm innovation [J]. International review of financial analysis, 58: 225 -234.

REYNOLDS T H, FLORES A A, 1989. Foreign law: Current sources of codes and basic legislation in jurisdictions of the world [C]. Littleton, Colo. : Rothman.

RIDING AL, HAINESJR G, 2001. Loan guarantees: Costs of default and benefits to small firms [J]. Journal of Business Venturing, 16 (6): 595 -612.

ROSS S A, 1973. The economic theory of agency: The principal's problem [J]. The American economic review, 63 (2): 134 -139.

ROSS S, WESTERFIELD R, JORDAN B, 2016. Corporate finance (11th edition) [M]. Boston: McGraw - Hill.

ROTHSCHILD M, STIGLITZ J, 1976. Equilibrium in competitive

insurance markets: An essay on the economics of imperfect information [J]. The Quarterly Journal of Economics, 90 (4): 629 – 649.

RUSSO M V, FOUTS P A, 1997. A resource – based perspective on corporate environmental performance and profitability [J]. Academy of management Journal, 40 (4): 534 – 559.

SERVAES H, TAMAYO A, 2013. The impact of corporate social responsibility on firm value: The role of customer awareness [J]. Management Science, 59 (5): 1045 – 1061.

SHAN C, TANG D Y, WINTON A, 2015. Market versus contracting: Credit default swaps and creditor protection in loans [J]. Available at SSRN 2643602.

SHROPSHIRE C, 2010. The role of the interlocking director and board receptivity in the diffusion of practices [J]. Academy of Management Review, 35 (2): 246 – 264.

SMITH C W, WARNER J B, 1979. On financial contracting: An analysis of bond covenants [J]. Journal of Financial Economics, 7: 117 – 161.

SOHN S Y, MOON T H, KIM S, 2005. Improved technology scoring model for credit guarantee fund [J]. Expert Systems with Applications, 28: 327 – 331.

SOSIN HB, 1980. On the valuation of federal loan guarantees to corporations [J]. The Journal of Finance, 35 (5): 1209 – 1221.

STIGLITZ J E, WEISS A, 1981. Credit rationing in markets with imperfect information [J]. The American Economic Review, 71: 393 – 410.

STIGLITZ J, 2002. Transparency in government [M]. The Right to Tell: The Role of Mass Media in Economic Development. Washington, D. C: The World Bank.

STIGLITZ J E, 1972. Some aspects of the pure theory of corporate finance: bankruptcies and take - overs [J]. The Bell Journal of Economics and Management Science, 3 (2): 458 -482.

STIGLITZ J E, WEISS A, 1981. Credit rationing in markets with imperfect information [J]. The American Economic Review, 71 (3): 393 -410.

STULZ R, JOHNSON H, 1985. An analysis of secured debt [J]. Journal of Financial Economics, 14 (4): 501 -521.

TANSKANEN A J, LUKKARINEN J, 2003. Fair valuation of path - dependent participating life insurance contracts [J]. Insurance Mathematics & Economics, 33 (3): 595 -609.

TOADER O, 2015. Quantifying and explaining implicit public guarantees for European banks [J]. International Review of Financial Analysis, 41 (OCT.): 136 -147.

UEKI Y, JEENANUNTA C, MACHIKITA T, et al. 2016. Does safety - oriented corporate social responsibility promote innovation in the Thai trucking industry? [J]. Journal of Business Research, 69 (11): 5371 -5376.

UESUGI I, SAKAI K, YAMASHIRO GM, 2010. The effectiveness of public credit guarantees in the Japanese loan market [J]. Journal of the Japanese & International Economies, 24 (4): 457 -480.

VAN MARREWIJK M, 2003. Concepts and definitions of CSR and corporate sustainability: Between agency and communion [J]. Journal of Business Ethics, 44: 95 -105.

WATANABE W, M SEKINO, 2016. Does the policy lending of the government financial institution mitigate the credit crunch? Evidence from the loan level data in Japan [C]. Bangkok: the Asian Finance Association (AsianFA) Conference.

XU J, ZHANG Y, XIE Y, 2020. Controlling shareholder's share pledging and firm's auditor choice [J]. Emerging Markets Finance and Trade, 56: 750 - 770.

ZECCHINI S, VENTURA M, 2009. The impact of public guarantees on credit to SMEs [J]. Small Business Economics, 32: 191 - 206.

ZERNI M, KALLUNKI J P, NILSSON H, 2010. The entrenchment problem, corporate governance mechanisms, and firm value [J]. Contemporary Accounting Research, 27 (4): 1169 - 1206.

ZHANG S, YE K, CUI Y, et al. 2019. Large shareholder incentives and auditor choice [J]. Auditing: A Journal of Practice & Theory, 38 (3): 203 - 222.

ZHU J, WANG C, 2013. The effect of financial crisis on cash dividend policies—from the perspective of ownership structure [J]. Accounting Research, 2: 38 - 44.

ZYMLER S, RUSTEM B, KUHN D, 2011. Robust portfolio optimization with derivative insurance guarantees [J]. European Journal of Operational Research, 210 (2): 410 - 424.